HR从入门到精通系列

HRM

人力资源管理

必备制度、表格范例与实用工具

卢活嘉——著

中国法制出版社
CHINA LEGAL PUBLISHING HOUSE

前 言

管理小企业用感情，管理中型企业靠制度，管理大企业靠文化。当企业发展到百人以上，信息流、业务事项越趋复杂时，企业就会对人员数量、质量、效率提出更高的标准。

“公司从去年的50人猛增到现在200多人，以前人少很清楚哪些人能干，哪些人在‘摸鱼’。现在人多了4倍，业绩增长却不理想，你看看问题如何解决？”当管理者抛出这个问题的时候，就说明事情变得复杂了。这时，人力资源管理工具的重要性就凸显出来了。科学的人力资源管理流程和工具，可以帮人力工作者在纷繁的人事工作中提高效率，找到问题和解决问题。

21世纪竞争的焦点在于科技和知识，人才作为两者的载体，无疑成为企业发展中最重要的资源。如何精准挖掘和高效使用人才，成了人力工作者的重心。“工欲善其事，必先利其器”，人力工作者如何找到和企业匹配度较高的人才？人力工作者如何让培训工作对绩效提升更有用？人力工作者如何帮助组织激励人员，提升工作效率？这些人事问题的简单和复杂，取决于你是否有规范、实用的流程和工具。

本书分为人力资源管理的六大板块，为读者提供了实用的制度流程和工具表格范本。其亮点在于梳理人力资源体系的工作逻辑，并配套相应的工具表格，为日常人力资源工作提供借鉴作用。本书主要有以下三个特点：

一、立足中国企业实际，具有代表性。

书中每个人力资源板块的制度流程，高度符合当下大部分企业的现实情况，具有较强的参考作用和实用性。读者可以快速编制符合自家企业的个性化版本。

二、涵盖人力资源管理全流程，具有系统性。

书中内容涵盖了人力资源规划、招聘配置、培训管理、绩效管理、薪酬管理和劳动关系五个方面，这些都是人力日常工作的标配版本，即通俗所讲的选、育、用、留的闭环。希望读者在每一个人力资源板块把好关，确保人力资源的完整度和系统性。

另外在某些板块，有一些常用工具外的延伸，要尽可能展示常用和非常用的方法工具。例如，绩效管理中的各种考核方法、胜任素质模型在人力资源管理中的运用工具展示、薪酬方法的方案运用等。这样可以为读者在制作工具时提供更多的思考角度和提供更多创新的可能性。

三、制度流程工具表的背景解说，具有逻辑性。

书中每部分内容都做了背景阐释，让读者对使用场景有清晰的了解。例如，人力资源规划板块，书中先对人力资源规划的概念、过程和原则做了解说，让读者对这部分的框架有一个大致的了解，然后再展示工具表格。这样可以让读者自行制作人力资源规划方案时，有更深入的认知理解，不仅仅是照葫芦画瓢，而能举一反三。

最后，希望本书出版能为您的工作带来实质性的帮助。本书工具可通过扫描作者微信二维码获得下载。

目　录

04 第四章 绩效管理操作指南

05 第五章 薪酬管理操作指南

06 第六章 劳动关系管理操作指南

第一章　人力资源规划操作指南

第一节 | 人力资源规划

1.1 人力资源规划概念

在“VUCA”[①] 时代，人力资源工作者面对快速多变的环境，常常沦为救火队员，日常被事务工作填满，却无法满足企业发展需要。大部分原因在于，人力资源工作者缺乏人力资源规划意识，无法策略性地解决企业核心问题，只是着眼表面，头痛医头脚痛医脚。

人力资源规划着眼全局，未雨绸缪，从上而下计划人力资源工作，是企业人力资源管理的重要模块之一。为了实现企业的发展战略和经营目标，通过分析企业内外部环境和变化条件，科学预测企业对未来人力资源的需求和供给状况，去制定政策和措施，从而实现人力资源和其他资源的合理配置。人力资源规划过程解析如下图：

1.2 人力资源规划原则

我们是否对接下来这种情况特别熟悉。管理者让 HR 半个月内提供人力

---

① VUCA，是 volatile、uncertain、complex、ambiguous 的缩写，是指易变的、不确定的、复杂的、模糊的。

资源规划报告，HR绞尽脑汁，交给管理者洋洋洒洒近百页的演示文稿（PPT），包括SWOT分析、PEST分析和一堆美轮美奂的图表，汇报结束，管理者问：

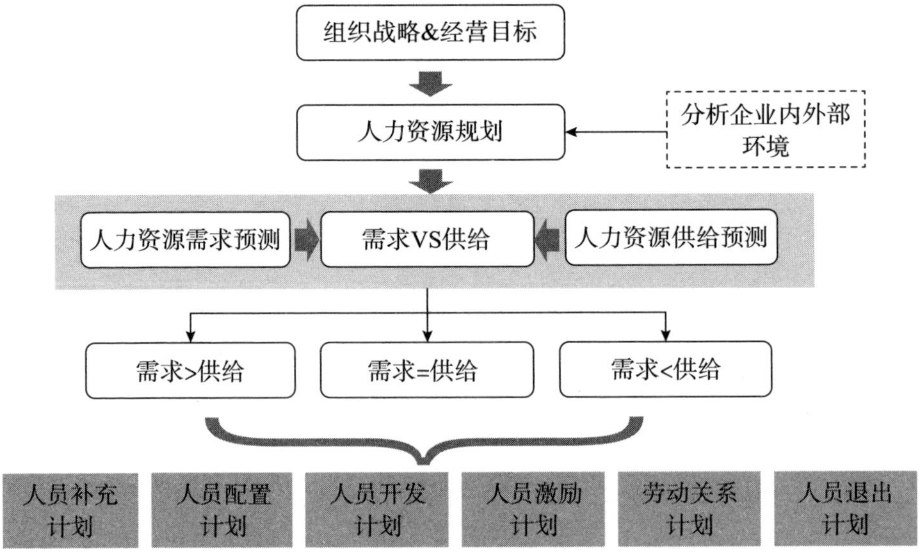

"你的报告能解决公司的问题吗？"在管理者眼里，这样的报告只是数据的堆砌。到底一份什么样的人力资源规划才是企业需要的？我们在编制时须具备以下几点：

目标性。人力资源规划服务于企业战略。在组织战略实施过程中，外部市场环境日新月异，组织内部人员、结构、流程等不断发生变化，只有切实考量各方因素，制定可行的人力资源规划，才能实现组织战略目标。

前瞻性。制定人力资源规划并非基于现下的状况，而是站在企业发展的角度去制定规划。制定人力资源规划时，需要对内外部环境的发展做出预判，对组织未来经营所需要的人力资源做出分析和评估。

动态性。人力资源规划并非一成不变。企业外部环境和内部条件发生变化时，人力资源规划也需随之变化，才能做出匹配企业发展需要的战术，达到人力资源和其他资源的合理配置。

系统性。人力资源规划是一个系统工程。在需求和供给合理配置过程中，需要考虑内外环境变化、其他资源配置等因素，并非盲人摸象。另外，对人力资源的获取、配置、使用和留任等各个环节进行策划和健全，才能承接组织战略对人力资源的要求。

1.3 人力资源现状分析

人力资源现状分析主要包括人力资源数量分析、人力资源结构分析、人力资源素质分析。

☑《在岗人员结构分析表》模板：

在岗人员结构分析表

		职能			运营			技术		
		人数	比例	合计	人数	比例	合计	人数	比例	合计
学历	本科及以上									
	大专及以下									
年龄	30 岁及以下									
	31–40 岁									
	41–45 岁									
	46 岁及以上									
性别	男									
	女									

总人数合计：

1.4 人力资源需求预测

人力资源需求预测是企业基于战略目标和工作任务，综合考虑企业内部人力资源现状和外部人力资源市场等因素，对人力资源需求的数量、质量和结构等进行估算。

☑《人员需求预测表》模板：

人员需求预测表

单位：　位

职位名称	职级	人员类别	现有在编人数	预计当年末在编人数	1月增减	2月增减	3月增减	4月增减	5月增减	6月增减	7月增减	8月增减	9月增减	10月增减	11月增减	12月增减	1月人数	2月人数	3月人数	4月人数	5月人数	6月人数	7月人数	8月人数	9月人数	10月人数	11月人数	12月人数	合计人次	编制说明

续表

职位名称	职级	人员类别	现有在编人数	预计当年末在编人数	1月增减	2月增减	3月增减	4月增减	5月增减	6月增减	7月增减	8月增减	9月增减	10月增减	11月增减	12月增减	1月人数	2月人数	3月人数	4月人数	5月人数	6月人数	7月人数	8月人数	9月人数	10月人数	11月人数	12月人数	合计人次	编制说明
员工总人数（不含兼职及实习生）		合计																												

☑《2022年人员的需求预测》模板：

2022年人员的需求预测

年份	技术岗					职能岗					业务岗					管理岗				
	预计	现有	缺编	跨类别异动	5%流失率	预计	现有	缺编	跨类别异动	15%流失率	预计	现有	缺编	跨类别异动	5%流失率	预计	现有	缺编	跨类别异动	5%流失率
20年																				
21年																				
22年																				

1.5 人力资源工作计划

常提到的年度人力资源工作计划，是企业年度经营计划的一个组成部分。做人力资源工作计划，需要考量三个方面因素：一是企业年度战略目标。企业经营层根据战略目标自上而下进行分解，细化到人力资源目标。二是业务部门的需求。人力资源部门的工作除了要有效支撑年度目标之外，还需要对各业务部门的日常工作形成支持，保证组织的正常运行。这就需要人力资源部门收集、汇总、分析企业运营中发现的问题，形成人力资源工作计划。三是内外部环境变化带来的影响。这些年新事物层出不穷，给组织生态系统带来诸多不确定性和多变性，人力资源在做工作计划中需要更多体现在如何推动企业组织、人员更好地适应内外部环境的变化的举措上，如个性化福利、职业生涯辅导和心理干预等。

编制人力资源工作计划，通常包含人力资源现状分析、企业年度目标，人力资源目标及解决问题所要采取人力资源措施（招聘配置、培训、绩效薪酬、制度流程等)、计划推进及费用预算等内容。

☑《人力资源计划》模板:

______年人力资源计划

一、人力资源现状分析

1. 学历构成

	职能		运营		技术	
	人数	比例	人数	比例	人数	比例
硕士及以上						
本科						
大专及以下						

技术人员本科占 64%,比例过低。随着公司发展,产品开发需要更高素质人员,本科人员数量需要增加,适当增加硕士以上学历员工。

2. 年龄构成

	职能		运营		技术	
	人数	比例	人数	比例	人数	比例
25 岁以下						
26–30 岁						
31–35 岁						
36–40 岁						
41–50 岁						
51 岁以上						

运营岗年龄在 40 岁以上的人员占比为 46%,人员平均年龄偏大,需要逐渐优化,增加业务线活力。

3. 人员异动分析

离职		转岗
主动辞职	劝退	
24 人	16 人	27 人
都是入职公司超过一年的员工。原因：老员工出现疲态，寻求个人新的发展；已育女员工产后复工，因家庭原因、岗位饱和而离职。	其中销售岗位占比最大，业绩不达标、不能达到岗位要求、方向不一致为主要原因。	转岗通过率：71%（17 人） 1. 储备管理岗（3 人）都未通过转岗考核。主要以销售和职能岗调整为主。 2. 转岗流程优化，增加转岗考核期，为人岗匹配提供支持。

二、公司年度目标及人力资源目标

公司年度目标：

人力资源目标：

三、人才招聘及配置

1. 人员需求

部门	岗位	需求人数
销售部	大客户销售	
	产品开发	
	运营	
	会计	
	……	
	汇总	

2. 招聘渠道优化

去年网站情况分析：

前程无忧	搜索下载		入职人数	
	主投		占总入职人数	
智联招聘	搜索下载		入职人数	
	主投		占总入职人数	
大街网	搜索下载		入职人数	
	主投		占总入职人数	
其他			入职人数	
			占总入职人数	

①前程无忧：简历质量和人员精准度较高，适合职能岗和中层管理岗招聘。

②智联招聘：总体使用率较高，简历有一定的匹配度，提升销售岗位的简历获取。

③大街网：总体效果有待提升，但在校招方面能有人群分类，定点通知和发布校招信息。

3.《内部人才推荐与奖励管理制度》的调整：从以前的所有岗位相同推荐奖励改变为不同岗位不同奖励，加大了业务岗的推荐奖励。

4. 校园招聘。把人员学历定位在本科及以上，通过校园招聘来对高素质人才进行补充。

四、人才培训开发

1. 通过完善业务线绩效考评体系，来实现员工的绩效评价和提升员工效率，激发业务线活力。

■ 对考评流程进行 2.0 版本完善：对考评维度增设下属考评；做匿名考评处理；把考评表细化到优点、不足项；使用线上考评。

■ 实行绩效台账管理。做好过程数据留存：针对业绩、工作报告、管理表现、培训参与度及相关奖惩方面记录。

2. 开展人才盘点，构建人才池，为有潜力的员工提供培养机会。

3. 加大员工培训。

■ 新员工培训和岗位师傅带训考核

■ 销售技巧培训 2.0 版

五、工作计划推进及费用预算

1. 工作推进表：

序号	计划事项	负责人	完成时间	备注

2. 费用预算表：

序号	事项	内容	费用	备注

1.6 人力资源费用预算

☑《人力资源部管理费用预算》模板：

人力资源部管理费用预算

部门名称：　　　　　　　　　　　　　　　　　　　　　　单位：　元

类别	二级类别	单价	1月	2月	3月	4月	5月	6月	7月	8月	9月	10月	11月	12月	合计
办公费	合计														
	办公用品														
	办公费（其他）														
招聘费	合计														
	网络														

续表

类别	二级类别	单价	1月	2月	3月	4月	5月	6月	7月	8月	9月	10月	11月	12月	合计
招聘费	现场招聘会														
	校园招聘														
	内部推荐														
	猎头														
	招聘流程外包（RPO）														
	雇主品牌建设														
	其他														
员工教育经费	合计														
	培训餐费														
	内部讲师奖励														
	培训奖励费														
	外训费用														
	培训用品购置费														
企业文化费	合计														
	员工俱乐部经费														
	员工互助基金														
	员工业务知识竞赛														
	员工联谊交友活动														
	庆典\服务奖项														
	年饭\抽奖														
	内刊稿费														
	时令性节日														
	节日布置费														
	企业文化宣传费														
	企业文化其他费用														

续表

类别	二级类别	单价	1月	2月	3月	4月	5月	6月	7月	8月	9月	10月	11月	12月	合计
专业服务费	合计														
	仲裁费														
	经济补偿金														
	咨询顾问费														
	薪酬报告费														
	残疾人年审费														
交通差旅费	合计														
	交通差旅费（本地）														
	交通差旅费（外地）														
业务招待费	合计														
	业务招待费														
修理费及改良支出	合计														
	修理费														
通信费	合计														
	电话费														
员工福利费	合计														
	体检														
	活动经费														
	中秋节														
	开工利是														
	生日慰问														
	长途旅游														
	补充医疗														
	其他福利														

续表

类别	二级类别	单价	1月	2月	3月	4月	5月	6月	7月	8月	9月	10月	11月	12月	合计
实习生工资及意外险	合计														
	实习生工资														
	优秀实习生表彰奖励														
	活动经费														
	实习生意外险														
残疾人安置工资与社保	合计														
	残疾人工资														
	残疾人社保														
总计															

第二节 ┃ 组织结构及职位分析

2.1 组织结构设计的内容

组织结构，是指对于工作任务如何进行分工、分组和协调合作。其本质是为实现组织战略目标而采取的一种分工协作体系。组织结构设计服从于组织战略。组织结构的纵向设计是界定权限、职责，设计时需要考量有多少层级，组织的主业务线是什么。横向设计是界定了沟通。简单认为，主业务线是指对于职能系统的一种需求。

设计组织结构分为六个步骤：

Step1 分解事项。企业管理者基于组织目标和愿景分解出业务事项，这些事项的组合支撑了企业目标的实现。

Step2 设计岗位。企业管理者根据员工个人能承受的劳动量，把一个或多个事项分配给单个人承担，形成工作岗位和岗位说明书。这一步让管理者知道需要哪些业务岗位，需要多少业务人员和什么样的业务人员。

Step3 设计部门。管理者把相关联或同类的工作岗位组织在一起，作为一个业务部门统一管理，业务部门就诞生了。如果业务部门众多且复杂，就需要横向增加职能部门进行辅助，上一级增加管理部门进行监管。这样业务部门上方出现管理部门和横向的职能部门。

Step4 设计管理岗。组织和个人的事项完成需要人去监管，组织根据个人能力和能接受的管理幅度，规定一个管理者最多可管辖下属的数量。从而完成部门内部的管理岗设置和管理岗数量，最后根据部门管理岗数量来设置高级管理岗位和管理者数量。

Step5 设计指挥链条。指挥链条是从组织的最高层延伸到最底层，用以界定汇报关系的职权链。明确指挥链条，即确定部门与部门、岗位与岗位之间的横向平级职权关系，纵向上下级工作汇报关系和管理岗的职责与权力。

Step6 设计流程制度。流程贯穿整个组织架构，用制度来解决组织中的常规问题，来保障组织的长期稳定运行。

2.2　组织结构图

组织结构图是一种通过图表形式，将企业各部分通过层级关系形式、清晰标明各部分之间特定关系的重要图表。组织结构图并不是一成不变的，而是跟随公司发展战略的需要而改变。

组织结构图通常分为直线制、直线职能制、事业部制和矩阵制等类型。通过结构图可以看出：①团队人员之间清晰的工作汇报关系，避免多重领导的发生；②部门有哪些职责，由哪些岗位人员担任；③岗位的空缺、调岗、晋升情况；④人员工作负荷程度和管理幅度是否合理。

组织结构图的构成内容有：

1）公司名称、徽标（LOGO）；

2）标题，如“** 组织结构图”字样；

3）发布结构图的日期和版本；

4）结构图的主体，包括框、线、部门、岗位名称等内容；

5）结构图的备注和说明；

6）制作部门、制作人，审批人员签名。

☑《人力资源部组织架构图》模板：

人力资源部

（编制：32，实际：28）

编制 VS 实际	L10	L8	L7	L6	L5	L4	L3	合计
编制	1	7	2	10	8	3	1	32
实际	1	5	3	9	5	5	0	28
差异	0	2	−1	1	3	−2	1	4

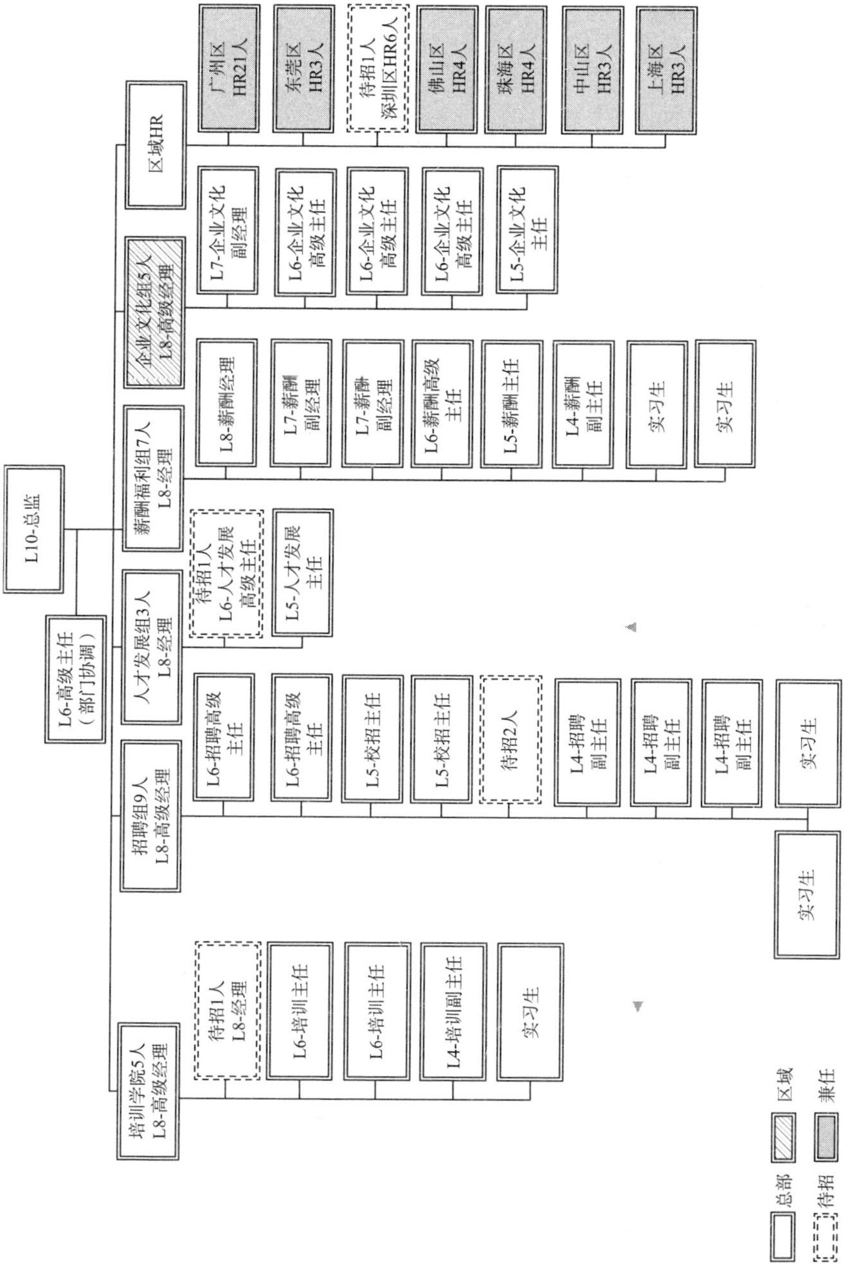
L10-总监
L6-高级主任（部门协调）
培训学院5人 L8-高级经理
待招1人 L8-经理
L6-培训主任
L6-培训主任
L4-培训副主任
实习生
招聘组9人 L8-高级经理
L6-招聘高级主任
L6-招聘高级主任
L5-校招主任
L5-校招主任
待招2人
L4-招聘副主任
L4-招聘副主任
L4-招聘副主任
实习生
实习生
人才发展组3人 L8-经理
待招1人 L6-人才发展高级主任
L5-人才发展主任
薪酬福利组7人 L8-经理
L8-薪酬经理
L7-薪酬副经理
L7-薪酬副经理
L6-薪酬高级主任
L5-薪酬主任
L4-薪酬副主任
实习生
实习生
企业文化组5人 L8-高级经理
L7-企业文化副经理
L6-企业文化高级主任
L6-企业文化高级主任
L6-企业文化高级主任
L5-企业文化主任
区域HR
广州区HR21人
东莞区HR3人
待招1人 深圳区HR6人
佛山区HR4人
珠海区HR4人
中山区HR3人
上海区HR3人
总部
区域
待招
兼任

2.3 职位分析

职位分析是指对职位要承担的主要职责、工作资源、工作环境背景和职位承担者需要具备的知识、技能等的分析，以一定格式把信息描述出来的过程，是人力资源管理重要基础。职位分析的结果，即为职位说明书。职位说明书通常包含两大主要部分：一是职位描述，二是任职资格。

☑《岗位说明书》模板：

岗位说明书

<table>
<tr><td>岗位名称</td><td></td><td>岗位编号</td><td></td><td>本岗位定员</td><td></td><td>所属部门</td><td></td></tr>
<tr><td>岗位类别</td><td></td><td>岗位级别</td><td></td><td>直接上级</td><td></td><td>直接下级</td><td></td></tr>
<tr><td>可转岗位</td><td></td><td>工作相关部门</td><td></td><td>编写日期</td><td></td><td>核准人</td><td></td></tr>
<tr><td>岗位概述</td><td colspan="7"></td></tr>
<tr><td rowspan="6">主岗职责</td><td colspan="7">1.</td></tr>
<tr><td colspan="7">2.</td></tr>
<tr><td colspan="7">3.</td></tr>
<tr><td colspan="7">4.</td></tr>
<tr><td colspan="7">5.</td></tr>
<tr><td colspan="7">6.</td></tr>
<tr><td rowspan="3">兼岗职责</td><td colspan="7">1.</td></tr>
<tr><td colspan="7">2.</td></tr>
<tr><td colspan="7">3.</td></tr>
<tr><td rowspan="4">工作权限</td><td colspan="7">1.</td></tr>
<tr><td colspan="7">2.</td></tr>
<tr><td colspan="7">3.</td></tr>
<tr><td colspan="7">4.</td></tr>
</table>

续表

任职资格	基本条件	性别	年龄	户口所在地	掌握语言	学历	专业	资格证
	专业知识							
	工作经验							
	能力技能							
	其他要求							
工作绩效标准								
培训需求								
工作条件	办公用品							
	工作地点							
	工作时间							
	工作环境							

第三节 | 人才盘点

3.1 人才盘点的概念

人才盘点的概念最早由美国通用电气（GE）提出和运用，即对企业内部员工做一个摸底调查，了解人才的优劣势、发展空间和岗位适配情况，对组织整体有一个大致认识。人才盘点到底盘什么？不仅仅是人数，关键是企业需要的能力。盘点的本质是对人才进行分类，找出大价值的人才，给以更大发展机会。

企业一般会在如下情况下进行人才盘点：

一是组织进行战略转型时。这时公司对人才要求会发生变化，需要盘点出哪些人才是适合公司战略发展的。

二是关键人才流失严重时。这时企业除了从外部补充人才之外，更重要的是盘点组织内部哪些人员可以重用和快速发展成核心人才。

三是组织快速发展大量招聘时。这时外来文化对企业文化产生冲击，新人需要时间成长，企业盘点出适用的人才进行培养，一段时间内支撑企业快速发展的需要。

四是内部人才分布不均衡，人才内部流动不顺时。有些大企业部门墙比较厚，好人才都留在部门内难以流动。这时企业进行人才盘点，采取人才池储备管理，盘活内部人才流动。

人才盘点体系如下：

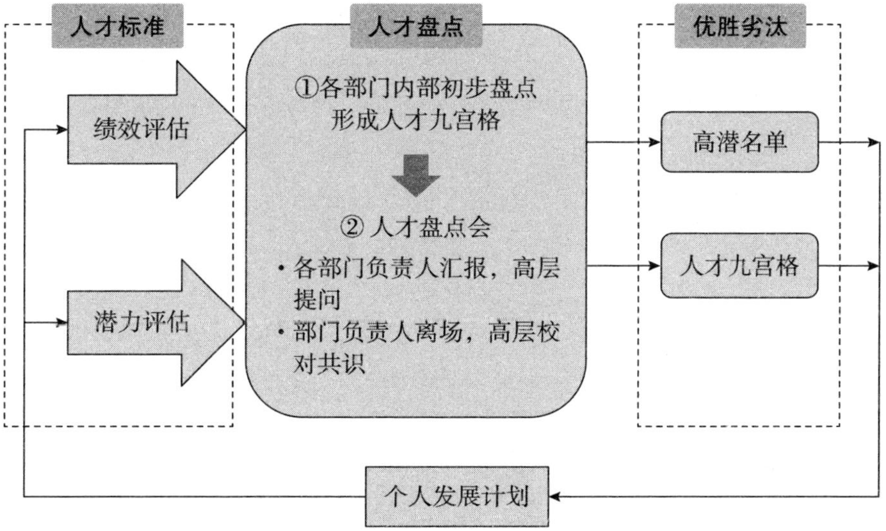

3.2 人才盘点的流程

人才盘点流程分为四个步骤：

一是准备工作。首先制订人才盘点计划，包括人才现状分析，确定人才盘点的范围、目的、流程和产出结果。其次成立人才盘点小组，进行组员确定和动员、事项沟通。

二是盘点实施。首先要进行宣导，向相关员工和管理者进行细致的解说盘点工作的目的、盘点主要工作步骤、相关注意事项、员工 / 管理者盘点价值等内容。盘点过程主要是对人才进行评估，结合每个人的简历、业绩表现、潜力如何，对他形成一个基本的了解。其次观察和评估他的兴趣和激情所在、他的思维习惯、需求是什么。最后采用访谈、绩效评估、360 度反馈、性格测试、价值观评估、知识技能考核等方法。进行相关数据的回收、整理与分析，得出人才盘点报告。

三是盘点校对。召开人才校准会，管理者公开展示对部门员工的评价，通过高效的校对讨论，得出合理的人才评估结果。

四是结果运用。把盘点结果向公司管理层进行汇报与说明，并基于此制订人力资源管理未来的工作计划。将员工盘点结果向各部门管理者以及员工本人进行反馈沟通，将盘点结果、个人情况以及未来发展建议与员工进行详细沟通。

3.3 人才盘点的工具表单

☑《部门人才盘点表》模板：

<table>
<tr><th colspan="12">人才盘点</th><th colspan="2">组织盘点</th></tr>
<tr><th colspan="4">基本信息</th><th colspan="7">绩效</th><th>潜力</th><th>组织现状</th><th>组织发展</th></tr>
<tr><th rowspan="2">序号</th><th rowspan="2">员工姓名</th><th rowspan="2">所属部门</th><th rowspan="2">职位</th><th colspan="2">目标达成</th><th colspan="2">能力</th><th colspan="2">工作态度</th><th>绩效结果</th><th>等级</th><th>维度</th><th>维度</th></tr>
<tr><td colspan="2">4 分 – 超出目标
3 分 – 基本达到目标
2 分 – 未达目标可培养
1 分 – 淘汰</td><td colspan="2">4 分 – 能力很强，可胜任上一岗位
3 分 – 能力强，可达成本岗位目标
2 分 – 能力弱，但短时间可培养
1 分 – 能力弱，短时间不可培养</td><td colspan="2">4 分 – 一直遵守公司价值观行为和纪律
3 分 – 大多数遵守公司价值观行为和纪律
2 分 – 出现纪律和价值观行为受公司批评情况
1 分 – 出现令公司利益受损的情况</td><td>4 分 – 杰出，超出岗位要求，高潜力
3 分 – 良好，与岗位匹配，可提拔或在岗发展
2 分 – 需改进，需要关注
1 分 – 不可接受，淘汰或转岗</td><td>高 – 可以提高两个或以上级别负有重要责任的位置
中 – 可以持续发展到上一级别并能承担更多责任
低 – 将不超出当前的位置</td><td>■哪些岗位是核心岗位，空缺、稳定情况如何
■组织氛围如何
■员工敬业度如何
■人才搭配情况如何</td><td>■明年组织架构如何调整
■如何调整人员情况，以匹配明年的部门规划（替换、转岗、增减、提拔、绩效改进、工作形式调整合并增减等）</td></tr>
<tr><td>1</td><td></td><td></td><td></td><td>分数</td><td>事例总结</td><td>分数</td><td>事例总结</td><td>分数</td><td>事例总结</td><td></td><td></td><td></td><td></td></tr>
<tr><td>2</td><td></td><td></td><td></td><td></td><td></td><td></td><td></td><td></td><td></td><td></td><td></td><td></td><td></td></tr>
<tr><td>3</td><td></td><td></td><td></td><td></td><td></td><td></td><td></td><td></td><td></td><td></td><td></td><td></td><td></td></tr>
</table>

续表

人才盘点									组织盘点	
基本信息				绩效				潜力	组织现状	组织发展
序号	员工姓名	所属部门	职位	目标达成	能力	工作态度	绩效结果	等级	维度	维度
				4 分 – 超出目标 3 分 – 基本达到目标 2 分 – 未达目标可培养 1 分 – 淘汰	4 分 – 能力很强，可胜任上一岗位 3 分 – 能力强，可达成本岗位目标 2 分 – 能力弱，但短时间可培养 1 分 – 能力弱，短时间不可培养	4 分 – 一直遵守公司价值观行为和纪律 3 分 – 大多数遵守公司价值观行为和纪律 2 分 – 出现纪律和价值观行为受公司批评情况 1 分 – 出现令公司利益受损的情况	4 分 – 杰出，超出岗位要求，高潜力 3 分 – 良好，与岗位匹配，可提拔或在岗发展 2 分 需改进，需要关注 1 分 – 不可接受，淘汰或转岗	高 – 可以提高两个或以上级别负有重要责任的位置 中 – 可以持续发展到上一级别并能承担更多责任 低 – 将不超出当前的位置	■哪些岗位是核心岗位，空缺、稳定情况如何 ■组织氛围如何 ■员工敬业度如何 ■人才搭配情况如何	■明年组织架构如何调整 ■如何调整人员情况，以匹配明年的部门规划（替换、转岗、增减、提拔、绩效改进、工作形式调整合并增减等）
4										
5										
6										
7										
8										
9										
10										
11										
12										
13										
14										

☑《部门人才盘点九宫格》模板：

部门人才盘点九宫格

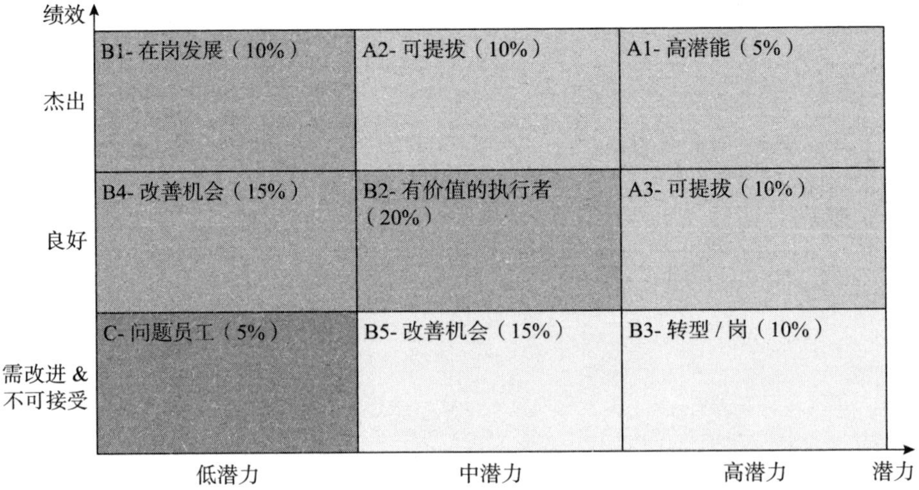

第二章　招聘与配置操作指南

第一节 | 企业招聘制度

1.1 招聘概述

招聘是指企业引入匹配企业发展的人力资源，为实现企业经营和战略目标提供人才保障的择人活动。招聘工作本质在于，通过建立统一、标准的选拔机制，提升面试质量，高效精准地获取匹配的人才。

招聘管理，是人力资源管理的重要模块之一，其价值链条涵盖招聘规划、招聘流程和招聘执行三个方面，包括人才甄选、面试及录用管理、简历管理、渠道管理、人才储备库管理以及报表分析等内容。有些小公司仅做到招聘执行，没有统一的招聘流程和长期规划，面试官参与度低，导致招不到合适的人才，阻碍公司发展。

1.2 招聘流程管理

招聘一般分为内部招聘和外部招聘两种方式。

内部招聘，是指岗位出现空缺时，企业一般优先考虑用内部在职员工填补空缺。

对企业而言，内部招聘可以帮企业优化资源，提升效率，节省成本。

如长时间在同一岗位工作的老员工，通过内部招聘机会调岗，在新岗位重新激发热情和发挥潜力，为公司创造新的价值。另外，老员工对公司制度流程、人际关系等都较为熟悉，能快速适应团队，节省培养和适应成本。对员工自身而言，内部招聘通过调动新岗位，帮员工逐渐明晰职业方向，增加对企业的归属感。

内部招聘的流程如下：

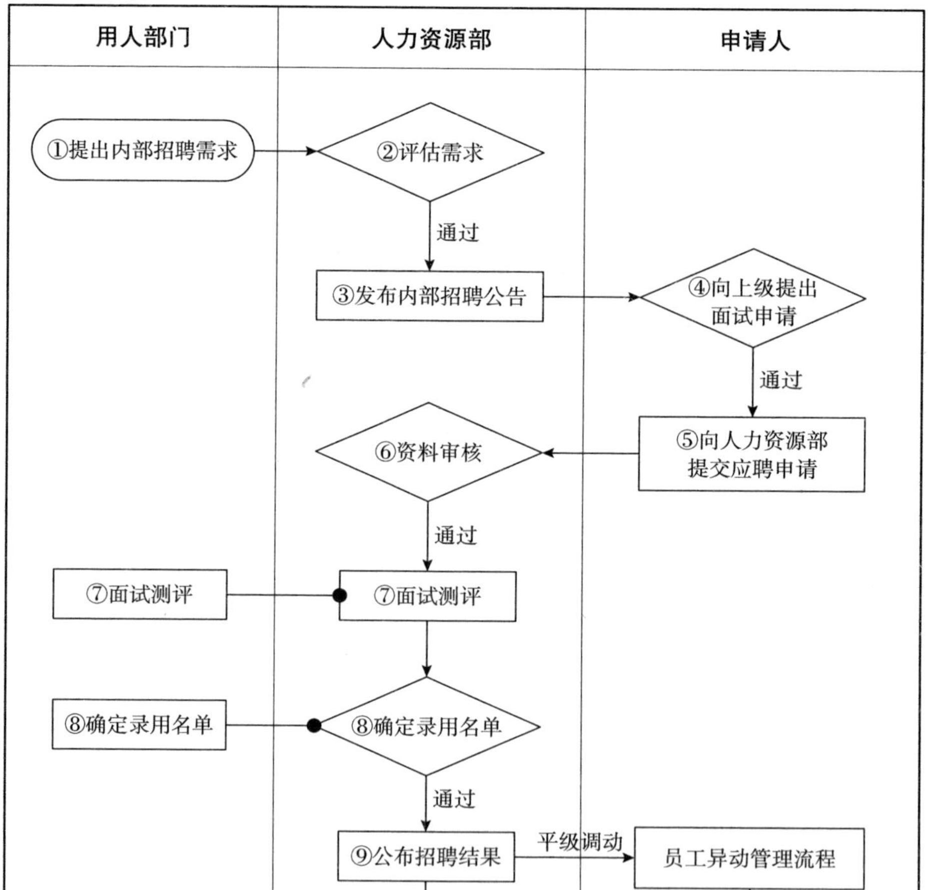

流程痛点：在以上流程中，较容易出现的问题在于④向上级提出面试申请。这环节如果处理不好，会导致各方关系冲突。

员工方面，在申请面试时，会考量团队适应和领导态度。一是熟悉的团队会让员工在舒适圈内舍不得离开，担心到新团队未必能像现下团队融洽。二是如果离开，团队重新招人，在过渡期内新人可能会给团队带来效率下降、团队冲突等负面影响，自己过意不去。三是如果离开，会打破领导的用人习惯和组织部署，领导可能会对员工产生不信任感。四是担心面试没通过回到原团队，上级领导对自己观感不好。

领导方面，在接到员工要申请面试时，会考虑团队整体利益。员工的离开如果带来团队效率下降，团队氛围紧张，领导可能不会同意员工的申请。

因此，这个环节在实际操作中往往被忽略，在职员工没有跟上级沟通，就直接向人力资源部递交应聘申请或者在职员工私下找到用人部门领导沟通面试的事情。这样就导致在职员工、上级领导、人力资源部、用人部门都被卷到矛盾冲突当中。最后上级领导觉得用人部门在挖墙脚，觉得自己不被员工信任。人力资源部也被戴上不监管的高帽。在职员工觉得委屈，想保持体面又想通过面试，最后成了冲突导火索。

要如何解决这个环节产生的矛盾，这需要公司健全流程制度，并强化流程监管，另外需要扭转管理者的用人理念，从人才发展出发，支持员工的内部招聘和转岗。

外部招聘，是指通过在媒体或外部招聘平台发布招募信息，寻找出符合企业需要的人选来填补岗位空缺。

外部招聘不仅是物色合适人选的过程，还是打造企业品牌形象的手段之一。通过媒体、招聘平台、面试流程等载体向社会传播公司的用人理念，让更多潜在候选人认识企业，并传播企业。

外部招聘的流程如下：

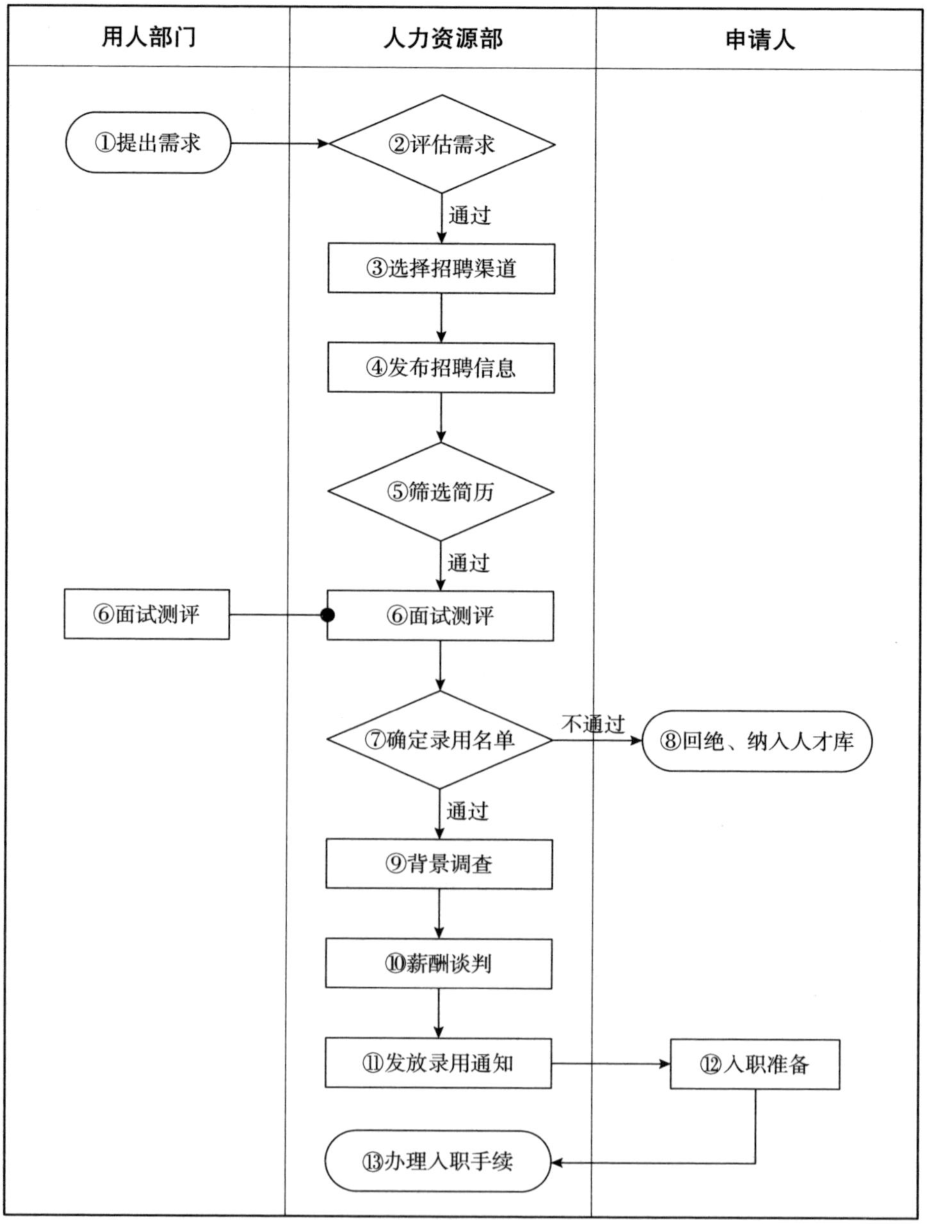

流程痛点：以上流程，⑥、⑦面试测评是招聘工作的核心。面试官的面试技巧、测评技术都会给候选人带来不同的观感，也关系到面试成功

率的高低。有很多候选人在这个环节吐槽面试官不专业，因为面试官的原因而拒绝入职的不在少数。因此，面试官在专业技能方面的提升尤为重要。

面试官是企业的门面担当，他们在面试流程各个节点的表现都代表了企业的形象。因此面试过程就如一面照妖镜，不仅照出候选人的水平，同样也照出面试官的素质。

1.3 招聘工具表

在内部招聘流程中，仅适用本流程的工具模板有：

☑《内部招聘公告》模板

内部招聘公告——××部门

一、目的

为了更好地支持××部门工作的开展，同时也为内部同事提供更多的发展空间和成长机会，现面向内部招聘以下岗位，欢迎有意愿且符合条件的同事踊跃报名自荐或推荐内部人选。

二、招聘岗位信息：

内部招聘岗位	需求人数	主要岗位职责	应聘条件

三、应聘说明：

1. 报名截止时间：××××年××月××日××点

2. 申请流程及招聘联系人：

● 申请流程：

1）员工与所属部门负责人沟通职位申请意愿并达成共识；

2）填写《内部招聘申请表》（建议附个人详细履历），以电子邮件形式发送至人力资源部招聘联系人并抄送部门负责人。

● 招聘联系人：人力资源部××（邮箱：________）

人力资源部

××××年××月××日

☑《内部招聘申请表》模板：

内部招聘申请表

应聘岗位：

<table>
<tr><td rowspan="2">1</td><td>姓名</td><td colspan="2"></td><td colspan="2">性别</td><td></td><td colspan="2">婚姻状况</td><td></td><td>出生日期</td><td rowspan="2">学历</td></tr>
<tr><td>入职时间</td><td></td><td>现部门</td><td colspan="2"></td><td>现岗位</td><td colspan="2"></td><td colspan="2">联系电话</td></tr>
<tr><td colspan="12">教育情况</td></tr>
<tr><td rowspan="4">2</td><td colspan="4" rowspan="2">学校名称</td><td colspan="2">自</td><td colspan="2">至</td><td rowspan="2">专业</td><td colspan="2">毕业与否</td></tr>
<tr><td>年</td><td>月</td><td>年</td><td>月</td><td>否</td><td>是</td></tr>
<tr><td colspan="4"></td><td></td><td></td><td></td><td></td><td></td><td></td><td></td></tr>
<tr><td colspan="4"></td><td></td><td></td><td></td><td></td><td></td><td></td><td></td></tr>
</table>

续表

<table>
<tr><td colspan="9">工作经历（包括公司内部经历）</td></tr>
<tr><td rowspan="8">3</td><td colspan="2">自</td><td colspan="2">至</td><td>单位名称</td><td>所在部门</td><td>岗位</td><td>备注</td></tr>
<tr><td>年</td><td>月</td><td>年</td><td>月</td><td></td><td></td><td></td><td></td></tr>
<tr><td></td><td></td><td></td><td></td><td></td><td></td><td></td><td></td></tr>
<tr><td></td><td></td><td></td><td></td><td></td><td></td><td></td><td></td></tr>
<tr><td></td><td></td><td></td><td></td><td></td><td></td><td></td><td></td></tr>
<tr><td></td><td></td><td></td><td></td><td></td><td></td><td></td><td></td></tr>
<tr><td></td><td></td><td></td><td></td><td></td><td></td><td></td><td></td></tr>
<tr><td></td><td></td><td></td><td></td><td></td><td></td><td></td><td></td></tr>
<tr><td colspan="9">培训经历（与应聘岗位相关的）</td></tr>
<tr><td rowspan="4">4</td><td colspan="2">自</td><td colspan="2">至</td><td>培训时间</td><td>培训题目</td><td>培训形式</td><td>备注</td></tr>
<tr><td>年</td><td>月</td><td>年</td><td>月</td><td></td><td></td><td>□单位内训
□外训</td><td></td></tr>
<tr><td></td><td></td><td></td><td></td><td></td><td></td><td>□单位内训
□外训</td><td></td></tr>
<tr><td></td><td></td><td></td><td></td><td></td><td></td><td>□单位内训
□外训</td><td></td></tr>
<tr><td>5</td><td colspan="8">应聘人签名： 日期： 年 月 日</td></tr>
<tr><td>6</td><td colspan="8">部门主管推荐意见：
签名：
日期： 年 月 日</td></tr>
</table>

请应聘者阅读并回答以下问题：

1. 你为什么应聘该岗位？

2. 请谈谈你对应聘岗位的认识？并简述你的优势或长处。

3. 如果应聘成功，你将如何开展工作？请评估你有可能面对的最大困难是什么，如何应对？

在外部招聘流程中，适用本流程的工具模板有：

☑ 针对主动投递简历的候选人的《面试邀请函》模板：

××公司面试邀请函

×××先生/小姐：

您好！我是________公司人事部________，欢迎您了解我们公司，现诚邀请您到我公司进行面谈：

面试时间：________年____月____日____时

面试岗位：______________________________

联系人：________________________________

联系电话：____________，有任何问题，可以随时联系。

面试地点：______________________________

届时请带上个人纸质版简历一份！

一、交通指引：

1. 地铁：________________________________

2. 公交车站：____________________________

二、岗位职责与任职要求：

三、福利待遇

【加入我公司，您将获得】

1. 社会保险：

2. 公积金：

3. 带薪年假：

4. 节日福利：

……

四、公司简介

更详细内容，上公司官网：×××，或搜索微信公众号“×××”了解，谢谢！

☑ 针对公司方主动搜寻候选人的《面试邀请函》模板：

××公司面试邀请函

×××先生/小姐：

您好！我是________公司人事部________，在网站上看到您的简历，觉得您基本符合我们________岗位的招聘条件，为做进一步了解，诚邀您到我司进行面谈：

面试时间：________年____月____日____时

面试岗位：______________________________

联系人：______________________________

联系电话：________，有任何问题，可以随时联系。

面试地点：____________________________

届时请带上个人纸质版简历一份！

一、交通指引：

1. 地铁：______________________________

2. 公交车站：__________________________

二、岗位职责与任职要求：

三、福利待遇

【加入我公司，您将获得】

1. 社会保险：

2. 公积金：

3. 带薪年假：

4. 节日福利：

……

四、公司简介

更详细内容，上公司官网：×××，或搜索微信公众号“×××”了解，期待您的回复！

☑ 在面试过程中，《应聘人员登记表》模板：

应聘人员登记表

<table>
<tr><td rowspan="6">个人基本信息</td><td>姓名</td><td></td><td>性别</td><td></td><td>身份证号</td><td></td></tr>
<tr><td>身高</td><td></td><td>民族</td><td></td><td>联系电话</td><td></td></tr>
<tr><td>出生年月</td><td></td><td>工作年限</td><td></td><td>电子邮箱</td><td></td></tr>
<tr><td>婚姻状况</td><td></td><td>政治面貌</td><td></td><td>家庭地址</td><td></td></tr>
<tr><td>户籍地址</td><td colspan="3"></td><td>户口性质</td><td>城镇□ 农村□</td></tr>
<tr><td colspan="2">薪酬要求（税前）</td><td colspan="2"></td><td>可到岗日期</td><td></td></tr>
<tr><td colspan="7">◆以下内容为必填项</td></tr>
</table>

<table>
<tr><td rowspan="4">学习情况（从高中填起）</td><td>起止时间</td><td>院校名称</td><td>专业</td><td>学历</td><td>有何科研成果</td></tr>
<tr><td></td><td></td><td></td><td></td><td></td></tr>
<tr><td></td><td></td><td></td><td></td><td></td></tr>
<tr><td></td><td></td><td></td><td></td><td></td></tr>
<tr><td rowspan="3">培训情况</td><td>起止时间</td><td>培训机构名称</td><td>培训课程</td><td>证书</td><td>证明人及电话</td></tr>
<tr><td></td><td></td><td></td><td></td><td></td></tr>
<tr><td></td><td></td><td></td><td></td><td></td></tr>
</table>

<table>
<tr><td rowspan="8">工作履历及技能</td><td rowspan="2">起止时间</td><td rowspan="2">工作单位</td><td colspan="4">必填项</td></tr>
<tr><td>职务</td><td>月薪</td><td>证明人姓名／职务／联系电话</td><td>离职原因</td></tr>
<tr><td></td><td></td><td></td><td></td><td></td><td></td></tr>
<tr><td></td><td></td><td></td><td></td><td></td><td></td></tr>
<tr><td></td><td></td><td></td><td></td><td></td><td></td></tr>
<tr><td></td><td></td><td></td><td></td><td></td><td></td></tr>
<tr><td colspan="2">业务专长：</td><td colspan="4">主要工作业绩：</td></tr>
</table>

续表

<table>
<tr><td rowspan="4">家庭成员</td><td>关系</td><td>姓名</td><td>年龄</td><td>工作单位</td><td>联系电话</td></tr>
<tr><td></td><td></td><td></td><td></td><td></td></tr>
<tr><td></td><td></td><td></td><td></td><td></td></tr>
<tr><td></td><td></td><td></td><td></td><td></td></tr>
<tr><td colspan="6">◆请填写以下问题</td></tr>
<tr><td colspan="6">你选择加入公司的原因是?
关键词 1:　　关键词 2:　　关键词 3:　　关键词 4:
其他:</td></tr>
<tr><td rowspan="2">填表人承诺</td><td colspan="5">此表所填写的内容真实完整，无任何隐瞒。若有隐瞒或提供虚假信息，本人知晓在入职后将承担因严重违反诚信原则而受到公司给予的违纪处理（包含解雇）。</td></tr>
<tr><td colspan="5">签字:　　　　年　　月　　日</td></tr>
</table>

☑ 在面试测评过程中，《面试评估表》模板：

面试评价表（初试）

应聘者姓名		**应聘岗位**		**用工性质**	☐专职　☐兼职	**面试日期**	

评价指标	**所体现的行为准则**	**面试记录及评价依据**
客户导向	☐挖掘需求 ☐提升服务 ☐赢得信任 ☐创造价值	本项得分: ☐4　☐3　☐2　☐1 面试问题: 评价依据:
目标管理	☐制定目标 ☐过程管理 ☐认同激励 ☐绩效改进	本项得分: ☐4　☐3　☐2　☐1 面试问题: 评价依据:

续表

发展人才	□经验分享 □保留淘汰 □支持发展 □选贤择能	本项得分：□ 4 □ 3 □ 2 □ 1 面试问题： 评价依据：
团队合作	□信息共享 □服从整体 □协同攻坚 □支持调配	本项得分：□ 4 □ 3 □ 2 □ 1 面试问题： 评价依据：
有效沟通	□主动沟通 □直言兼听 □换位思考 □分享进度	本项得分：□ 4 □ 3 □ 2 □ 1 面试问题： 评价依据：

建议通过标准	面试结果
• 具备与公司相符的价值观与行为特征 • 没有一项评价指标的得分为“1” • 评价指标中得分为“2”的不超过 2 项	□推荐复试 □淘汰
综合评价： 面试官签名： 日期：	

面试评价表（复试）

应聘者姓名		应聘岗位		用工性质	□专职 □兼职	面试日期	

评价指标	所体现的行为准则	面试记录及评价依据
客户导向	□挖掘需求 □提升服务 □赢得信任 □创造价值	本项得分：□ 4 □ 3 □ 2 □ 1 面试问题： 评价依据：

续表

目标管理	□制定目标 □过程管理 □认同激励 □绩效改进	本项得分：□4　□3　□2　□1 面试问题： 评价依据：
发展人才	□经验分享 □保留淘汰 □支持发展 □选贤择能	本项得分：□4　□3　□2　□1 面试问题： 评价依据：
团队合作	□信息共享 □服从整体 □协同攻坚 □支持调配	本项得分：□4　□3　□2　□1 面试问题： 评价依据：
有效沟通	□主动沟通 □直言兼听 □换位思考 □分享进度	本项得分：□4　□3　□2　□1 面试问题： 评价依据：

建议通过标准	专业测试成绩	面试结果
• 具备与公司相符的价值观和行为特征 • 没有一项评价指标的得分为“1” • 评价指标中得分为“2”的不超过 2 项	笔试： 测评：	□推荐第二轮复试 □录用　□淘汰
综合评价：		**录用决策**
		职级： 试用期薪酬： 转正后薪酬：
		面试官签名： 日期：

面试结束，《面试记录表》用于 HR 对候选人的情况进行记录，便于之后的招聘分析和与用人部门的沟通。并且作为人才储备的数据支持。

☑《面试记录表》模板：

序号	姓名	联系电话	应聘岗位	基本情况			招聘渠道		电话联系、邀约				初试			复试			定薪（试用期/转正）	入职日期	进展情况	备注（已拿到offer，但放弃入职的原因）
				学历	性别	曾任职公司	渠道	渠道备注	电联日期	负责人	意见	面试时间	负责人	是否通过	意见	负责人	是否通过	意见				
1																						
2																						
3																						
4																						
5																						
6																						
7																						
8																						
9																						
10																						

☑ 进行校园招聘双选会或宣讲会，对学生面试情况记录，《面试情况登记表》模板：

面试情况登记表

序号	姓名	性别	岗位	学校	专业	学历	电话号码	面试情况
1								
2								
3								
4								
5								
6								
7								
8								
9								
10								
11								
12								
13								
14								
15								
16								
17								
18								
19								
20								

☑《求职者背景调查表》模板：

求职者背景调查表

被调查人姓名		申请岗位		日期	
证明人姓名		证明人公司			
证明人职位		联系电话			

联系证明人

上午 / 下午好，我是来自________公司的________。候选人________应聘我公司________岗位，在他 / 她的职位申请表中提供了您的姓名作为证明人。您所提供的信息将会用于我们对于员工的甄选。

您为我们提供的信息将被记录下来，并且可能会应（候选人）的要求而被他知晓。您是否有空配合我们做这份背景调查？是□ 否□

过往工作信息
请问他 / 她何时加入贵公司，何时离开？ 入职时间： 离职时间：
他 / 她离职之前的职位名称和他 / 她主要的工作职责是什么？
您能告诉我他 / 她离开贵公司的具体原因吗？
请问您与他 / 她在工作上的关系是怎么样的呢？您是在什么时候与他 / 她一起共事的呢？
如您不介意的话，能否告知我们他 / 她的最后月薪是多少？
工作表现
请问您对他 / 她的综合工作评价如何？

续表

他 / 她有没有得到贵公司的特别嘉奖？或被贵公司警告？
你觉得他 / 她的专业素质和技能如何？
评价一下他 / 她的管理技巧和领导风格（适用于人员管理者）

非常感谢您给予我们的支持，谢谢！

☑《录用通知书》模板：

录用通知书

尊敬的________先生 / 女士：

您好，我们很高兴通知您，经过前期的沟通和招聘流程，本公司决定聘用您为我们的正式员工，请您于________年____月____日________到人力资源部报到并办理入职手续。

欢迎您的加入！现就相关事宜说明如下：

一、岗位

本公司为您提供的岗位是________部门________，职级为________。本公司保留如因工作需要调整您的职位及职责的权力。您的上级为________。

二、劳动合同及试用期

在您办理入职手续后的三个工作日内，公司将与您签订劳动合同（一式两份），合同期限为________年，其中前________个月为试用期，试用期结束前，公司将对您的工作表现做出评估，以决定是否继续聘用。

三、薪酬福利

您试用期的薪资标准为税前人民币________元 / 月，转正后为税前人民币________元 / 月。以上标准会根据您的岗位和职级的变化而变化。

您还享有社会保险、住房公积金以及带薪年休假等福利待遇。

四、入职须知（请您带齐以下资料到人力资源部办理入职手续）

1. 本人证件资料原件及复印件（各一份）;

（身份证、毕业证、学位证、资格证各一份等）

2. 小一寸彩色相片 3 张（背后请写上姓名）;

3. 原单位离职证明原件;

4. 体检报告原件（指定医院：**）;

5.** 银行账户存折或卡复印件一张;

6. 其他用工资料：

______公司

签名：

年　　月　　日

★此通知生效于被录用人诚信调查及体检结果显示适合工作的情况下，并需在办理入职手续时返还人力资源部备案。

★公司地址及电话：

____

如果您对以上内容无异议，请在下面签字：

签名：__________　　日期：__________

1.4　招聘需求管理

在实际招聘工作中，招聘需求通常由用人部门提出，HR 进行需求评估。HR 常常被动地接单。其实，HR 应该承担起主动的需求沟通、分析和评估角色。在工作中 HR 可能遇到新部门成立，部门负责人不清晰招什么人、招多少人等问题，这个时候更需要 HR 协助部门负责人厘清部门情况，推进人员的合理配置和快速到位。

招聘需求管理系统包括人才需求管理流程，需求访谈机制，需求分析评估机制，与用人部门定期沟通机制等。招聘需求管理是一个动态过程，年初做完需求预算，随着内外部环境变化带来的岗位变化，HR 需熟悉公司业务，根据需求变化，不定时与部门沟通，做到需求管理精细化。

需求提报过程分为两种情况：一种是编制内需求提报；另一种是编制外需求提报。

编制内需求是指年初预算架构编制确定后的待招岗位和离职补招岗位。需求提报流程如下：

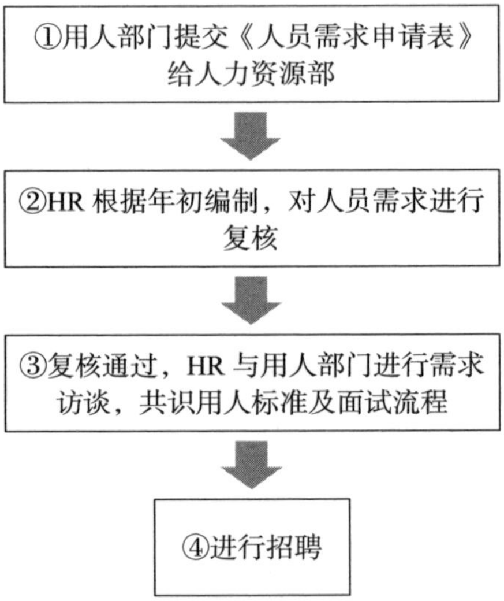

编制外需求是指环境发生变化架构调整后，新增岗位数以及架构调整后岗位名称、职责发生的变化。需求提报流程如下：

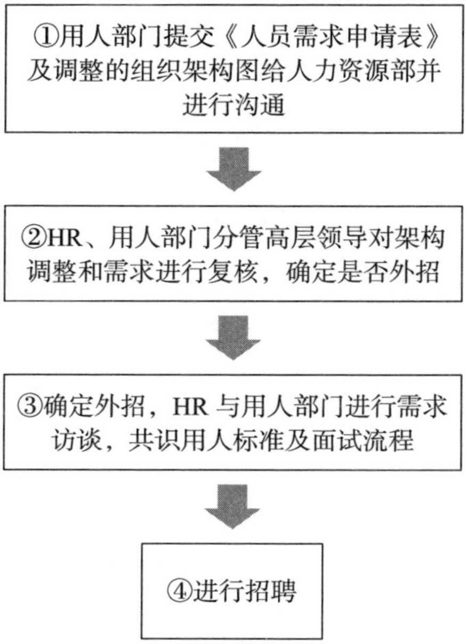

流程痛点：无论是编制内需求还是编制外需求提报，流程③ HR 与用人部门进行需求访谈，共识用人标准及面试流程，是很多 HR 容易忽略的。在实际操作中，HR 根据提报的《人员需求申请表》和惯用的面试流程直接去执行，没有招聘策略思考和需求沟通。这样导致的后果是，HR 在面试过程中的人才标准和用人部门不一致，面试的候选人不是用人部门想要的，或者 HR 在市场上找不到用人部门想要的候选人，一年半载也满足不了用人需求。跟用人部门的需求沟通，不仅是需求确认那么简单，更重要的是了解部门现下的情况，加强对用人部门业务和团队的熟悉，挖掘其他人员需求，为用人部门的用人提出建设性意见。

需求提报过程中，涉及常用的工具模板如下：

☑《人员需求申请表》模板：

人员需求申请表

岗位名称		**职级**		**申请人数**	
申请部门		**申请时间**		**期望到职日期**	

需求原因		
需求类别	**编制内需求**	☐ 原岗位人员离职 ☐ 原岗位人员调动 ☐ 新增 ☐ 其他
	编制外需求	☐ 增加编制（已有该岗位但无编制）☐ 新增岗位（无该岗位且无编制）
需求原因		

岗位基础信息					
岗位职责					
发展规划					
直接上级		直接下属			
工作地点		工作时间			
出差频率/地点		外派时间/地点			
任职要求					
任职资格					
工作经验		学历		专业	
职业资格		管理经验		语言要求	
建议工资		年龄范围			
审批					
用人部门负责人意见		人力资源部审核意见		分管负责人意见	

☑《招聘需求访谈确认表》模板：

招聘需求访谈确认表

<table>
<tr><td>岗位名称</td><td></td><td>职级</td><td></td><td>申请人数</td><td></td></tr>
<tr><td>申请部门</td><td></td><td>申请时间</td><td></td><td>期望到职日期</td><td></td></tr>
<tr><td colspan="6">招聘岗位的基本信息</td></tr>
<tr><td>招聘岗位的目的（绩效目标/岗位作用）</td><td colspan="5"></td></tr>
<tr><td>主要工作职责及权限</td><td colspan="5"></td></tr>
<tr><td>未来发展及岗位培训</td><td colspan="5"></td></tr>
<tr><td>工作关系</td><td colspan="5">直接上级（岗位/人员）：
直接下属（岗位/人数）：</td></tr>
<tr><td>工作条件</td><td colspan="5">工作地点（城市/城区）：　工作时间（工作日/作息时间）：
出差（频率/地域）：　外派（时间/地域）：</td></tr>
<tr><td colspan="6">岗位任职要求</td></tr>
<tr><td>学历</td><td></td><td>专业</td><td></td><td>语言要求</td><td>□普通话　□粤语　□英语
□其他（　）</td></tr>
<tr><td>职业资格（行业/经验）</td><td colspan="5"></td></tr>
<tr><td>核心素质</td><td colspan="5"></td></tr>
<tr><td>建议薪酬幅度（税前）</td><td colspan="5"></td></tr>
</table>

1.5 招聘渠道管理

通常情况下，招聘被理解为通过外部渠道招募新人来填补企业岗位空缺，实际上招聘分为内部招聘和外部招聘两种。内部招聘是指企业通过调配内部员工来满足岗位需求，包括晋升、调动、轮换等方式。内部招聘具有人员适应性快、增加员工技能、提高员工积极性、招聘费用低等优点。但同样产生员工过度竞争、评判不公、近亲繁殖等缺点。

外部招聘是指通过外部人才市场招募新人满足岗位需求。常见的渠道包括网络渠道、媒体广告、人才招聘会、校企合作、内部员工推荐、猎头、劳务派遣机构等。外部招聘有利于引入优秀人才、带来新的理念、提升企业的雇主品牌形象，但筛选时间长、招聘成本高。

渠道日常信息管理。企业由于招聘的岗位众多，使用的招聘渠道不限于单一渠道，一般多种渠道综合使用，因此渠道信息管理尤为必要。例如，在选择猎头供应商时，对比多家，对成本、招聘能力进行初步评估。

☑ 猎头供应商的评估表格模板：

猎头公司	网站	联系人及联系方式	地点	公司性质及成立时间	行业地位／擅长猎聘行业	过往岗位	目前是否做过同行猎头项目	收费标准	预付款	优缺点评价	后期跟进

续表

猎头公司	网站	联系人及联系方式	地点	公司性质及成立时间	行业地位 / 擅长猎聘行业	过往岗位	目前是否做过同行猎头项目	收费标准	预付款	优缺点评价	后期跟进

选定渠道供应商后，有些企业签订合同后就开始使用，忽略了信息登记和更新，例如有些供应商换联系人了，有些供应商合同到期了，有些供应商服务项目没使用，有些供应商的平台账号密码变更了等。导致信息滞后，对来年供应商合作不能及时跟进。

☑ 网络渠道供应商信息登记表模板：

序号	网络信息		使用状态	登录账号及密码			合作方基本信息			合作方联系方式		合作时间1		合作时间2		备注
	名称	网址		会员名	用户名	密码	联系人	职务	所在地	办公电话	手机	开始时间	结束时间	开始时间	结束时间	
1																
2																
3																
4																
5																
6																

续表

序号	网络信息		使用状态	登录账号及密码			合作方基本信息			合作方联系方式		合作时间1		合作时间2		备注
	名称	网址		会员名	用户名	密码	联系人	职务	所在地	办公电话	手机	开始时间	结束时间	开始时间	结束时间	
7																
8																
9																

☑ 猎头供应商信息登记表模板：

序号	猎头公司名称	擅长本公司职位	合同期	合作方基本信息			合作方联系方式			备注
				联系人	职务	公司所在地	固定电话	手机	邮箱	
1										
2										
3										
4										
5										
6										
7										
8										
9										
10										
11										
12										

☑ 校园招聘供应商信息登记表模板：

序号	城市	学校名称	合作方基本信息		合作方联系方式			评价	备注
			联系人	职务	固定电话	手机	邮箱		
1									
2									
3									
4									
5									
6									
7									
8									
9									
10									

网络渠道是公司普遍使用的招聘渠道，比如智联招聘、前程无忧、猎聘等人才招募网站。这些人才网站提供大量的人员招募信息，帮助企业提高知名度，并且吸引各类人才，储备海量的求职者信息。对于人才网站招募，HR 通过记录每个月每个岗位的使用情况，从而识别岗位在某招聘网站的活跃度，便于指导接下来岗位发布的渠道选择。

☑ 网络渠道岗位活跃记录表模板：

××网

发布职位名称	主动投递简历量												合计	简历下载数												合计
	1月	2月	3月	4月	5月	6月	7月	8月	9月	10月	11月	12月		1月	2月	3月	4月	5月	6月	7月	8月	9月	10月	11月	12月	

续表

发布职位名称	主动投递简历量												合计	简历下载数												合计
	1月	2月	3月	4月	5月	6月	7月	8月	9月	10月	11月	12月		1月	2月	3月	4月	5月	6月	7月	8月	9月	10月	11月	12月	
合计																										

网络渠道使用一段时间，季度或半年，HR通常会对渠道的使用情况进行总结，如职位发布数、简历下载数的使用情况，预估剩下数量是否满足接下来的招聘需求，如果费用对比往年是否有所增加，就要及早调整渠道策略。

☑《网络渠道资源使用情况分析表》模板：

招聘渠道	服务总费用	职位发布数	简历下载数	录用人数	人均招聘费用（总费用/录用人数）	剩余职位发布数	剩余简历下载数
前程无忧							
智联招聘							
猎聘网							
其他招聘网							
合计							

内部推荐是指企业出现岗位空缺时，会优先考虑发动内部员工推荐自

己认识或了解的外部人员到企业应聘。这样做的好处体现在：内部推荐不需要发布招聘广告，一方面帮企业节约招聘成本；另一方面被推荐人通过推荐者较充分了解企业，进入企业后流动性相对较低。所以现在内部推荐渠道得到了越来越多企业青睐。在推荐流程中，HR需要及时登记推荐信息，便于后续面试安排和奖励的数据支持。

☑《内部员工推荐记录表》模板：

序号	推荐人信息				被推荐人信息								面试情况			奖金发放情况				是否提交推荐表	备注
	姓名	所属部门	所任职位	联系电话	姓名	性别	年龄	学历	推荐岗位	联系电话	被推荐时间	跟进人	面试结果	是否录用	入职日期	奖金	第一次发放时间	第二次发放时间	是否发放完毕		
1																					
2																					
3																					
4																					
5																					
6																					
7																					
8																					

渠道效率评估。招聘渠道的投入产出是HR评估渠道效率，调整渠道策略的常用手段。哪个渠道销售岗的贡献度高？哪个渠道的招聘成本最低？这些问题需要HR进行定期的渠道分析和总结，每家公司对于相类似的岗位可能得出不同结果。以下列举了网络渠道、内部推荐、猎头三种常用招聘渠道的评估分析表网络渠道分析表模板中“占比 = 该渠道入职人数 / 总入职人数”。

☑《网络渠道投入产出分析表》模板：

序号	招聘渠道	职位发布数	简历下载数	总计使用资源	同期渠道录用人数	渠道贡献比（录用人数 / 总计使用资源）
1	前程无忧					
2	智联招聘					
3	猎聘网					
4	其他招聘网					
总计						

☑《网络渠道产出分析表（部门维度）》模板：

分公司	前程无忧网		智联招聘网		拉勾网		猎聘网		其他招聘网	
	入职人数	占比	入职人数	占比	入职人数	占比	入职人数	占比	入职人数	占比
合计										

☑《网络渠道产出分析表（岗位类别）》模板：

岗位类别	前程无忧网		智联招聘网		拉勾网		猎聘网		其他招聘网	
	入职人数	占比	入职人数	占比	入职人数	占比	入职人数	占比	入职人数	占比
研发类										
职能类										
运营类										
销售类										
合计										

☑《网络渠道产出分析表（岗位职级）》模板：

岗位职级	前程无忧网		智联招聘网		拉勾网		猎聘网		其他招聘网	
	入职人数	占比	入职人数	占比	入职人数	占比	入职人数	占比	入职人数	占比
合计										

☑《网络渠道资源统计与评估》模板（此模板较完整呈现了资源使用和效率评估）：

资源统计											渠道评估								
招聘渠道	服务费用	职位发布数	简历下载数	广告资源	服务开始时间	服务到期时间	×月份可用发布数量	×月份可用下载数	×月份广告资源剩余情况	其他资源	×月招聘人数	累积招聘人数	人均招聘费用	×月招聘人数占比	累积招聘人数占比	×月简历数量	累计简历数量	招聘留任人数	备注

☑《内部推荐产出分析表》（被推荐岗位维度）模板：

月份	推荐简历数								初试								入职							
	研发岗	占比	职能岗	占比	运营岗	占比	合计	环比增长	研发岗	占比	职能岗	占比	运营岗	占比	合计	环比增长	研发岗	占比	职能岗	占比	运营岗	占比	合计	环比增长
1月																								
2月																								
3月																								
4月																								
5月																								
6月																								
7月																								
8月																								

续表

月份	推荐简历数								初试								入职							
	研发岗	占比	职能岗	占比	运营岗	占比	合计	环比增长	研发岗	占比	职能岗	占比	运营岗	占比	合计	环比增长	研发岗	占比	职能岗	占比	运营岗	占比	合计	环比增长
9 月																								
10 月																								
11 月																								
12 月																								

☑《内部推荐人分析表》（推荐人维度）模板：

月份	推荐人总数	支付费用	推荐人占公司总人数比例	推荐人增长率（新增推荐人/推荐人总数）	推荐人类别			人均推荐		
					营运	研发	职能	简历数	成功人数	成本
1 月										
2 月										
3 月										
4 月										
5 月										
6 月										
7 月										
8 月										
9 月										
10 月										
11 月										
12 月										
合计										

☑《猎头招聘渠道数据分析表》模板：

猎头公司	推荐量	推荐成功人数	推荐成功率（入职人数 / 本渠道推荐人数）	占猎头渠道入职总人数比率	备注
总计					

☑《猎头招聘渠道评估表》（岗位维度）模板：

猎头公司	总监及以上岗位			经理岗位			** 岗位			人数合计	招聘费用总计	渠道人均招聘费用
	入职人数	总招聘费用	人均招聘费用	入职人数	总招聘费用	人均招聘费用	入职人数	总招聘费用	人均招聘费用			
合计												

☑《招聘渠道产出分析表》模板（此模板呈现了所有渠道的产出对比情况）：

分公司	网络招聘		校园招聘		内部推荐		猎头		现场招聘会		内部调动		复职		其他		合计人数
	入职人数	占比	入职人数	占比	入职人数	占比	入职人数	占比	入职人数	占比	入职人数	占比	入职人数	占比	入职人数	占比	
合计																	

1.6 招聘管理制度范本

☑《招聘与入职管理规定》模板：

招聘与入职管理规定

1. 目的

1.1 规范公司员工的招聘与录用管理，使招聘工作更加规范化与系统化。

1.2 引入优质的人力资源，为公司经营和战略目标的实现提供人才保障。

2. 适用范围

本制度适用于公司及下属各单位的员工招聘与入职（不含兼职员工）工作。

3. 术语、定义及缩写

无。

4. 制度涉及部门及职责

4.1　责任部门

4.1.1　公司人力资源部负责对本规定进行解释、修订。

4.1.2　各级人力资源部门按制度要求及原则甄选、录用员工。

4.2　协助部门

用人部门负责招聘需求提报、对候选人进行面试及录用决策。

5. 管理要求

5.1　人才基本标准

5.1.1　认同公司的管理原则，有良好的心态。

5.1.2　诚实守信，认真负责，具有良好的职业素养。

5.1.3　团队合作，专注执行和持续的工作改善，优秀的客户服务意识。

5.1.4　具有相关岗位所需的基本素质和专业技能，学习能力强，有发展潜质。

5.1.5　身体健康，无不良记录，符合国家相关法规的规定。

5.2　招聘原则

5.2.1　人岗匹配

在招聘时人才选拔需要统一标准，根据岗位胜任力模型进行人才甄选。按照招聘编制的要求来合理控制人才数量。

5.2.2　公开公正选拔

对候选人一视同仁，不能制造各种不公平的环境，不能设置地域、性别、年龄等限制。

5.2.3 适合公司需求的

选择人才要用人所长，考量公司的发展需要，要选择适合的人才，对一些可培养的能力、学历等要适当放宽条件，人无完人，不要对候选人要求满分。

5.3 集中管理

5.3.1 公司人力资源部负责制定招聘管理政策、流程及相关操作规范，各地分公司参照执行。

5.3.2 公司人力资源部负责公司各部门人员，以及各城市L7级（含）以上人员的招聘录用管理。

5.3.3 分公司负责本公司招聘信息发布、初试、录用决策（合议）管理。公司对应部门参与分公司部门负责人的复试及录用决策，最后双方进行录用合议并由分公司负责人做出决定（分公司财务部负责人由公司财务部做录用决定）。公司人力资源部负责复试的衔接工作。

5.3.4 大型招聘项目（例如，校园招聘、巡回专场招聘等）和跨分公司的员工招聘由公司人力资源部主导，各地分公司人力资源部门配合进行。

5.3.5 各地分公司人力资源部门按管理权限履行本单位的日常招聘管理工作

5.3.6 人员录用审批权限详见“附件1”。未按流程审批的不予入职。

5.4 禁止录用

有下列情况之一者，不得录用为公司员工：

a 年龄不满十八周岁者；

b 有诚信问题者；

c 与其他单位存在劳动关系者（停薪留职等特殊情况除外）；

d 与原单位签订了竞业禁止协议，并在禁业范围内的人员；

e 有违法、严重违纪行为记录者；

f 身体检查经认定不适合者；

g 其他被列为禁止录用的情况。

5.5 招聘渠道

5.5.1 人力资源部门根据用人部门提出的招聘需求，确定内 / 外部招聘渠道。

5.5.2 内部招聘

执行《内部招聘管理流程》。

5.5.3 外部招聘

5.5.3.1 外部招聘是指根据公司用人需求，由人力资源部门面向外部组织开展的招聘活动，应聘候选人必须具有一定工作经验或具优质的潜力。

5.5.3.2 外部招聘渠道主要包括：

a 网络；

b 平面广告；

c 招聘海报；

d 专场招聘会；

e 员工推荐；

f 校园招聘；

g 猎头公司；

h 人才市场、劳动职业介绍机构；

i 其他。

5.5.4 主要外部招聘渠道管理权限。如下：

渠道类别	管理权限 / 说明
猎头	公司 HR：集中管理； 分公司 HR：合作方推荐与使用申请。
校园招聘	公司 HR：策划与提供支持； 分公司 HR：参与策划，组织实施。
网络	公司 HR：区域性网站的评估与合作； 分公司 HR：根据年度预算评估及使用当地网站。

续表

渠道类别	管理权限 / 说明
报纸广告	分公司根据年度预算评估及投放。
现场招聘会	分公司根据年度预算参加当地招聘会。
其他渠道	保持交流，视情况分配管理权限。

5.6 人力资源需求规划与申请

5.6.1 人力资源需求须纳入公司总体人力资源规划，各部门提交的用人需求必须与岗位编制及工作目标相符合。

5.6.2 各部门根据年度人员需求计划或员工变动情况向所属单位人力资源部门提交由部门负责人签字批准的《人员需求申请表》；按审批权限完成审批后才能进行招聘活动（审批权限详见“附件 1”）。

5.6.3 由于招聘需要时间周期，原则上用人部门应在所需人才到岗前2—4 个月提交《人员需求申请表》，以便人力资源部门有充足的时间甄选推荐最合适的人员。

5.7 招聘面试管理

5.7.1 应聘简历收集

a 人力资源部门根据需求岗位特点搜集合适的简历资料，并进行筛选；

b 人力资源部门要做好人才资料积累管理工作。在筛选过程中认为不适合现阶段岗位需求但有储存价值的，应作为人才储备收录人才库存档。

5.7.2 面试

a 甄选合格的应聘资料由人力资源部门通知、安排面试，面试的方式有电话面试、面谈、笔试与素质测评等；

b 经内部员工推荐的面试者参加面试时推荐人必须回避，不得参与面试过程和干扰录用决策；

c 面试必须有人力资源部门和用人部门的参与，人力资源部门负责面试的组织及综合素质的考评，并承担监督审查责任，以确保人才选拔符合公司用人标准并具有客观公正性，用人部门负责专业素质及能力的考评。

5.7.3　内部招聘程序

执行《内部招聘管理流程》。

5.7.4　社会招聘面试程序

a 初试

由人力资源部门相关工作人员与合适的应聘人员联系，组织初试，重点考察应聘人员的职业素养、基本技能和价值取向等并做出初步判断并了解应聘人员对工作平台及薪酬等期望。

b 复试

首先用人部门负责人或指定面试官对通过初试的应聘者进行复试，重点考核应聘者是否具有胜任应聘岗位的专业技能，对公司贡献的预期值，其次用人部门负责人或授权人具有复试通过权。最后根据招聘各阶段的实际情况，经人力资源部门与用人部门相互沟通后，初试与复试流程可灵活调整进行。

c 笔试及测评

所有应聘人员均视情况进行笔试或其他测评，测评分综合素质、专业知识及个性测评等，根据不同岗位要求编制相应的测评试题。

d 背景调查

通过复试的 L4 级（含）以上应聘者应进行背景调查（其他岗位视情况进行），至少了解前两家企业的工作情况，含工作起止时间、工作岗位、离职原因、原同事评价及工作绩效、薪酬水平等，为录用决策提供意见。

e 录用合议与决策

录用决策是指结合初试与复试等意见，由人力资源部门与用人部门对应聘者进行综合评估，再确定是否录用。最终录用决策根据公司人力资源审批权限进行审批生效（详见“附件 1”）

f 谈薪

面试合格人员的薪资统一由人力资源部门与应聘者商谈。用人部门负责人根据公司薪资制度建议薪资区间，超过公司规定薪资的特殊人才须完成审批（审批授权详见“附件 1”）。

5.8　入职管理

5.8.1　具有大专以上学历的面试合格人员原则上应该经过身份证验证和毕业证书验证，凡假学历、假身份者一律不得录用。

5.8.2　人力资源部门通知拟录用员工到公司指定医院进行体检（特殊情况除外）。

5.8.3　体检结果符合要求者，由人力资源部门发放录用通知。

5.8.4　拟录用员工按要求准备个人的相关证件、资料，如期到人力资源部门办理入职报到手续。

5.8.5　入职报到当天由人力资源部门对拟录用员工提供的证件、资料进行审核，确认符合要求后，即时办理入职手续，签订劳动合同（一个月内）。

5.8.6　新员工入职须提交资料：

a 一寸彩色免冠近照 3—5 张；

b 毕业证、学位证、专业技术资格证等相关证书原件，留复印件；

c 个人身份证原件，留复印件；

d 公司要求提供的其他个人证件，如计划生育证、居住证、银行卡等；

e 医院体检表（加盖医院公章），留原件；

f 原公司有效离职证明（停薪留职、内退等情况除外）；

g 需持证上岗的岗位要提供国家有关部门发放的有效上岗证件（如驾驶证、电工证等），留复印件。

5.8.7　完成入职手续办理后，人力资源部门安排新员工到任职部门报到。

5.8.8　新员工报到后，用人部门安排培训或具体工作。

本规定自　　*年*月*日起生效。

附件 1:《招聘与入职审批权限一览表》

序号	项目名称	分类情况	审批控制			
			申请	审核	审批	抄送 / 备案
1	人员需求	编制内需求	用人部门	HR	总部部门负责人 / 分公司负责人	HR
2		编制外需求	用人部门	总部部门负责人 / 分公司负责人	分管总裁	HR
3	录用薪酬	制度区间内			部门负责人	HR
4		制度区间外（L7 及以上）	用人部门	HR	分管总裁	HR
5		制度区间外（L7 以下）	用人部门	HR	营运总监或分管总裁	HR
6	录用审批	L9–10 级			分管总裁	HR
7		总部部门负责人或分公司负责人		营运总监（城市负责岗）	分管总裁	HR
8		总部 L8 级及以下（非部门负责人）			部门负责人	HR
9		分公司 L8 级及以下部门负责人		分公司负责人	营运总监 / 分管总裁	HR
10		分公司非部门负责人		部门负责人	再上一级部门负责人（分公司决定）	
11	录用通知书发放	L9–10 级			人力资源总监签发	
12		分公司 L7–8 级和总部 L8 级及以下			招聘经理签发	
13		分公司 L6 级及以下			分公司人力资源负责人签发	

☑《内部人才推荐与奖励管理规定》

内部人才推荐与奖励管理规定

1. 目的

开放内部人才推荐渠道，鼓励员工参与公司的人才招聘工作。

2. 适用范围

适用于公司全体专职员工（含试用期员工）。

3. 术语、定义及缩写

无。

4. 制度涉及部门及职责

4.1 责任部门

人力资源部门负责被推荐人的资料审核、面试、录用、奖金核算和发放。

4.2 协助部门

业务部门负责被推荐人的专业面试。

5. 管理要求

5.1 管理原则

5.1.1 公开原则：招聘岗位信息向全体员工公开。

5.1.2 回避原则：推荐人不得干预和参与被推荐人的面试与录用决策。

5.1.3 一致原则：被推荐人的面试与录用按公司社会招聘的标准执行。

5.2 推荐范围

5.2.1 公司对外招聘的各类人才（可以通过公司对外网站或其他招聘渠道发布的信息查看招聘职位）。

5.2.2 虽然不在当前招聘需求之列，但对公司今后发展大有裨益的人才。

5.3 推荐规定

5.3.1 被推荐人员所提供的个人简历应真实客观，无任何隐瞒和伪造。

5.3.2 被推荐人员没有任何刑事犯罪记录。

5.3.3 推荐人对被推荐人的背景等信息应有一定了解。如发现有弄虚作假行为，公司将视情况追究相关人员的责任。

5.4 推荐程序

5.4.1 推荐人向所在单位的人力资源部门推荐人才（例如，总部员工向总部人力资源部推荐、珠海分公司员工向珠海分公司人力资源处推荐），推荐时应提交被推荐人的简历，并填写《人才推荐表》（见附件一）（书面或电子版本均可）。

5.4.2 人力资源部门接受推荐后，根据应聘岗位所属单位进行如下跟进，并做好登记：

A. 被推荐人申请本单位（总部或某地分公司）内的岗位时，进入招聘流程；

B. 被推荐人申请其他单位的岗位时，应于 2 个工作日内将推荐资料及相关信息转交对应单位的人力资源部门，由第二接收单位的人力资源部门审核简历，进入招聘流程。

5.4.3 人力资源部门按照公司相关招聘制度和流程，正常安排被推荐人参加笔试、面试及其他测评等。

A. 人力资源部门在收到推荐简历后及时对被推荐人员的材料进行初步审核，并视情况处理：

➢ 简历审核通过，2 个工作日内与被推荐人沟通，确定面试时间并组织面试。

➢ 简历审核不通过，2 个工作日内反馈信息给推荐人并简要说明原因。

B. 人力资源部门及相关用人部门对被推荐人员进行初试及复试，确定是否录用。

C. 经过面试确认录用的，办理入职手续，正式上岗。

5.4.4 被推荐人面试终止后，面试单位的人力资源部门于 1 个工作日内向推荐人反馈信息。如面试不通过，另需说明原因。

5.4.5 被推荐人正式上岗后，录用单位的人力资源部门于 1 个工作日内向推荐人反馈信息，并告知入职岗位。如录用单位非推荐人所在单位的，还应邮件或书面通知推荐人所在单位的人力资源部门。

5.5 奖励措施

5.5.1 奖励金额：

岗位（职级）	奖励金额（元 / 人）
总监	8000
经理	5000
主管	1000
专员	200

5.5.2 奖励发放时间及形式：

A.“专员”岗位的被推荐人转正后一个月内，由推荐人所在单位的人力资源部门按如上标准一次性发放奖金。

B. 其他岗位的被推荐人转正后一个月内发放 50% 奖金，转正后的第六个月发放另外 50% 奖金。

C. 奖金与当月工资一起发放。发放时由发放单位人力资源部门通知推荐人。

5.5.3 自然年度为公司成功推荐人才超过 5 名的员工将获得公司颁发的年度“人才伯乐”的称号和证书。

5.5.4 奖励例外说明

A. 总监级（含）以上领导推荐人才不获取物质奖励；

B. 各级部门负责人推荐本部门空缺岗位不获取物质奖励；

C. 人力资源部门员工推荐不获取物质奖励；

D. 员工推荐亲属不获取物质奖励；

E. 推荐应届生和文员岗位的不予物质奖励；

F. 推荐人在发放推荐奖励前离职的，不获取奖励；

G. 未按内部推荐流程进行推荐、面试的，不获取奖励；

H. 虽然不在招聘需求之列但对公司今后发展大有裨益的人才，资料会进入人才库；在公司出现需求的时候优先考虑，被推荐人经面试和测试合格被录用的，推荐人亦可享受奖励。

附件 1：人才推荐表

人才推荐表

（另附被推荐人简历）

被推荐人姓名		电话		出生年月		意向工作地点		意向岗位	
推荐人姓名		所在部门		所任岗位		推荐人电话		推荐时间	
被推荐人评价（推荐人填写）									

续表

推荐人所在单位人力资源部门意见	经办人 / 日期：
录用单位人力资源部门意见	（记录推荐结果） 部门负责人 / 日期：

第二节 | 招聘与甄选

2.1 招聘信息撰写

确认了招聘需求、招聘渠道等工作后，需要撰写招聘信息，通过合适的渠道发布招聘信息。在撰写招聘信息时，HR 需要思考，求职者想了解哪方面的信息，什么样的内容能吸引他们的注意力？

一份完整的招聘信息包括：岗位信息（岗位名称、职责和任职要求、发展空间、薪酬福利、招聘人数）、公司信息（公司简介、上班地点、导航公交路线）和简历接收方式（联系人、电话、电子邮箱）。招聘信息要求简洁、明确，特别是岗位信息，一些硬性规定显著标识出来，以免求职者理解不清晰，导致大量无效简历投递过来。

除了传统的招聘网站、报纸等渠道，微信朋友圈、社交平台、微信群、论坛等，社交媒体也受到 HR 的青睐，这些渠道互动性强、时效高、更精准，在社交媒体上发布招聘信息，除了内容精简以外，往往趣味性的内容，更能吸引求职者眼球。特别对于广告、设计这些创意性行业，特色的招聘信息也能展现企业的风格。

在网络渠道发布招聘信息，不仅吸引求职者投递简历，还作为提升雇主品牌形象的广告手段。因此有些公司在信息发布这个环节统一了操作和管理的方法。

☑《网络渠道信息发布与维护操作指引》模板：

网络渠道信息发布与维护操作指引

一、目的

规范网络招聘渠道使用维护标准，提升雇主品牌形象。

二、适用范围

公司目前所有使用的网络招聘渠道。

三、内容

1. 用户管理

1.1 公司总部安排专人负责所有网络招聘渠道管理工作，并做分公司网络渠道管理直接对接人。

总部管理员：　　　　　电话：　　　　　邮箱：

1.2 总部分配各招聘网站用户账号至各分公司，各分公司需安排专人做用户管理员，如有调整应及时进行交接并报总部备案，避免账号遗失。

1.3 用户管理员负责账号安全管理，原则上不应告知 HR 以外人员。

1.4 用户员管理员需及时更新维护分公司信息：含公司介绍、联系人、地址、联系电话等；其中，企业简介总部负责更新，分公司不需要维护；如分公司有独立子账号的网站（公司共用一个账号的网站除外），分公司可增加当地品牌的介绍。

1.5 用户管理应按总部要求及时调整用户信息，将各网站简历接收邮箱地址调整为总部统一分配的邮箱地址。

2. 职位发布、暂停、刷新

2.1 收到用人部门有效《人员需求申请表》后，选择对应渠道发布职位招聘信息。

2.2　编辑职位工作指引

2.2.1　发布职位名称确定应遵循（适用于所有招聘网站）：与工作职责匹配、便于求职者搜索、简洁明了；总部发布所有职位均需在职位名称后标注（总部），湖北分公司所有发布职位均需在职位名称后标注（湖北分公司），其他分公司因有地域差异，不作此要求；教师类职位名称应明确到年级、科目：如小学数学老师，初中数学老师；原则上一个职位需求只发布一个职位名称；

2.2.2　编辑发布职位时“所属部门”为必填项，请选择对应部门，如选择“** 公司—湖北分公司”；

说明：此处“部门”为“分公司”，以后发布信息时不需填写实际部门，例如财务处等。

2.2.3　职位工作地点不需明确到具体的区域，如不需明确深圳市—南山区，选择“深圳”即可；

2.2.4　职能类别需全部选择（如 51job 可对应选择 2 类），便于求职者搜索职位；

2.2.5　职位薪酬、月薪如有特别要求，请选择“面议”；

2.2.6　职位描述内容必填：职位主要工作职责、任职要求，均需列出 3—5 点；

2.2.7　简历接收方式应填写总部统一分配邮箱地址。

2.3　用户管理员应保证工作日每天定时刷新各招聘网站发布的职位。

2.4　招聘职位如已有合适人选到岗，入职当日起请做暂停处理，如需再次发布此职位，点击“刷新”即可。

3. 管理权限申请

3.1　各分公司用户管理员可操作的权限由总部分配，如已设置分公司账号的，一般分公司拥有的权限含：职位发布管理、应聘简历管理、简历搜索下载管理。如需增加其他管理权限，需向总部管理员申请；如无设置分公司账号的（全公司同一账号的），分公司不得进行管理员操作。

3.2　总部管理员定期查看各分公司管理权限使用情况，及时向各分公司分配职位发布数、简历下载数；各分公司使用数不够，需向总部招聘及雇主品牌处提出申请。

4. 附“前程无忧”网站操作示例。

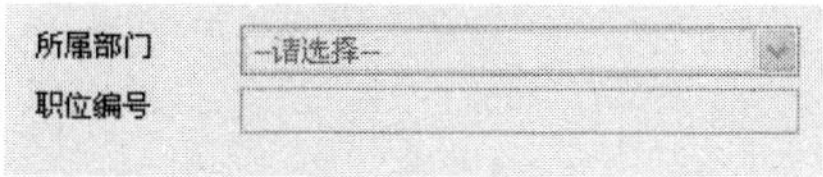

（此项目为必选项目）；

（职能类别需做出对应 2 类选择）；

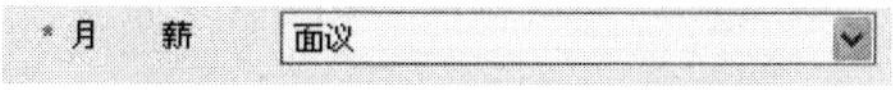

（如有特别要求，请选择“面议”）；

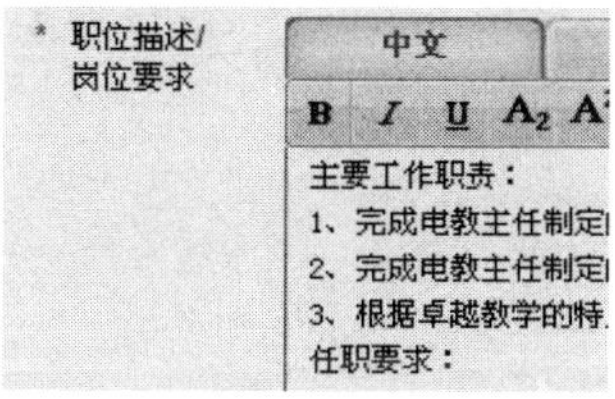

（职位招聘信息内容应含：职位主要工作职责、任职要求；均需列出 3—5 点）；

☑ 招聘信息模板：

市场主管

岗位职责：

1. 协助区域负责人制定当地市场营销策略，提出市场推广、品牌、公关、活动等方面的具体方向和实施方案；

2. 制订并协同区域实施具体销售计划，策划各种活动，积极协助开拓新的渠道关系；

3. 构思并实施超群的广告创意和促销活动，根据销售目标和策略意图评估主要营销项目的有效性；

4. 对竞争对手及消费者行为保持敏锐触觉，及时汇总市场信息并制定相应战略及战术性推广活动；

5. 制定并监控广告及宣传费用预算，完善激励考核制度；

6. 负责各种广告媒体的公关活动，包括电视台、电台、报刊的广告投放、开设专栏以及各种新闻发布；

7. 参照公司经营策略，并结合地区长期发展目标。负责对区域的布局规划、选址、门店软装饰进行监控并反馈；

8. 有效管理团队。

任职要求：

1. 本科及以上学历，3 年以上市场策划、销售、品牌推广工作经验，熟悉快消行业优先考虑；

2. 1 年以上团队管理经验，组织协调能力较强；

3. 对市场营销 4P 战略比较了解，较强的文案功底、有广告投放、活动策划等实际操作工作经验；

4. 具备良好的沟通合作技巧及谈判能力，熟悉各类媒体运作方式；

5. 工作严谨细致、认真主动，具有责任心和敬业精神；需短期出差。

作为我们团队的一分子，您将享受到：

1. 周末双休、法定节假日、带薪年假；

2. 五险一金（试用期即可享受）；补充商业医疗保险及子女医疗险；

3. 年度体检；

4. 节日、生日福利；

5. 团队建设及旅游；

6. 通讯补贴，餐饮补贴，交通补贴；

7. 专业系统的内外部培训，包括入职培训、销售培训、晋升培训、领导力培训、核心人才培养等。

月薪：10—15K，年终 13K

公司简介：

……

地点：

有兴趣的朋友请投递简历到邮箱：

或加微信号：

2.2 面试方法

在人才甄选中面试是使用最广泛的方法。它通常是指在特定的时间空间内，面试官和求职者相互对话的过程。由于面试简单快捷、容易操作、不需要复杂的测试工具，而是通过面对面地了解和观察求职者，嵌入工作场景综合评估求职者的匹配度。

（1）从面试组织形式来划分面试类型，一般分为：一对一面试、集体面试、小组面试。

面试类型	概念	优劣势	适用场景
一对一面试	一个面试官和一个求职者单独面谈。	优：注意力较集中，求职者容易充分展现自己。 劣：可能出现尴尬情形。	普通岗位都适用。
集体面试	多位求职者在同一时间空间接受多个或一个面试官提问。	优：求职者人数多时采取此形式效率较高，有利于考察求职者在群体中的行为方式。 劣：求职者相互间容易产生影响，难以充分展现自我。	校园招聘、候选人人数多的岗位（如销售、文员）。
小组面试	多位面试官在同一时间空间共同对一位求职者进行提问。	优：面试官提问可以相互补充，对问题挖掘更深入全面。 劣：求职者因为面试官人数而产生压力，回答问题过于紧张或拘谨。	公务员面试、节省面试流程场合（初试复试面试官一起面试，如技术岗）。

（2）根据面试的结构划分，我们一般分为三种类型：非结构化面试、结构化面试和半结构化面试。

非结构化面试，是指在面试过程中不需要遵循既定的提问格式和问题，没有明确的提问顺序，自由的对求职者进行提问。在这种面试中，第一，面试官没有统一的评分标准，打分较为主观。第二，面试过程发散性。有些面试官会根据自己的兴趣点展开提问，因此很难保证求职者被公平对待。例如，求职者和面试官都曾在某个培训平台参与过某方面的培训，双方会找到共同话题，产生亲切感。由于没有预先设定的问题框架，有些面试官提的问题离题万里，虽然气氛自然顺畅，但给求职者不专业的印象。例如，曾有求职者谈到一个奇葩面试，面试官是个准妈妈，面试十分钟基本都在谈妈妈经，跟岗位相关的问题就提了两道，搞得求职者云里雾里。总而言之，非结构化面试考验面试官的提问水平和经验，否则非结构化面试很容易变成闲聊，达不到甄选的目的。

结构化面试，是一种标准化面试方法，根据预先确定的面试问题、面试流程和评分标准等进行的面试形式。结构化面试就如我们常说的“有剧本”，整个流程按照剧本严格执行，逻辑严谨、层次性强，确保有需要问的问题都会被问到，信度和效度都比较高。降低了面试官的偏见和经验不足带来的不利影响。但也限制了面试官的发挥，较为僵化。

半结构化面试，介乎结构化面试和非结构化面试之间的面试形式。即固定动作加自选动作，一部分是预先设计好的问题，另一部分是面试官根据情况提出的随机问题。这样的面试方式弥补了结构化面试带来的僵化效果，让互动更加顺畅自然，而且让谈话有逻辑和连贯性。

☑《结构化面试指南》模板：

结构化面试指南

结构化面试是以公司人员能力模型中的五大通用素质为评价指标，面试官可参考各项素质的针对性问题与应聘者进行面试交流，并按照对应的评价标准对其进行评估、决策的标准化过程。本手册适用于社招、校招的岗位面试。

一、面试评价标准

面试评价指标以公司人员能力模型中的五大通用素质要求为依据，具体如下表：

评价指标	定义及行为准则
顾客导向	定义：处处以得到客户满意为目标提升业绩结果，超出顾客的期望。 行为准则：挖掘需求、提升服务、赢得信任、创造价值。
目标管理	定义：合理制定目标，进行过程管理，为自己与他人取得的绩效结果负责。 行为准则：制定目标、过程管理、认同激励、绩效改进。

续表

评价指标	定义及行为准则
团队合作	定义：在维护整体利益基础上互补互助达到最大工作效率，同时追求自身绩效结果的达成。 行为准则：信息共享、服从整体、协同攻坚、支持调配。
有效沟通	定义：尊重多样性价值观，理解他人感受和想法，主动促进共识的达成来谋取最佳业务成果。 行为准则：主动沟通、直言兼听、换位思考、分享进度。

二、面试前准备

1. 面试场地及资料准备：

a. 尽量安排独立、不受干扰的面试场地；

b. 面试资料包括应聘者的个人资料（简历）、《岗位申请表》《结构化面试评价表》等。在面试量较大的情况下，如校园招聘或专场招聘会等，面试官可选择《结构化面试评价表（简版）》来进行评估、决策，以提高面试效率。

2. 认真阅读应聘者的简历，根据其应聘的职位及实际背景情况，参考《面试提问表》进行提问并扩展，设计好提问内容及顺序，合理安排面试时间。

3. 理解结构化面试的评价标准。

三、面试

面试官应尊重每一位应聘者并予以真诚友善的对待，针对相关职位专业高效地完成面试，招聘到符合岗位要求、认同企业文化及价值观的人才。

1. 证件审核：根据岗位需要向应聘者收集并验证相关证件、资料的原件及复印件。

2. 破冰：欢迎；面试官自我介绍（名字、职位角色）；寒暄。

3. 介绍：介绍公司及所应聘的岗位概况；解释面试的目的、流程及所需时间。

4. 引入式提问：通过简历了解应聘者的背景情况及基本信息，以供后续挖掘。

5. 行为 / 情境面试：根据事先设计的面试问题提问，并在《结构化面试评价表》进行人才评估及面试记录。

6. 互动环节：允许应聘者在有效的时间内提问并给予技巧性回答；从应聘者提问的内容挖掘对方的关注点。

7. 结束和欢送：向应聘者说明后续流程及安排；真诚地感谢应聘者并与其道别。

四、评估、决策

1. 面试官清晰理解结构化面试的评价标准。

2. 面试完成后及时整理面试记录，回顾应聘者在每项评价指标上的表现，面试官对照每项评价指标、评价标准的行为描述进行客观评分，填写《结构化面试评价表》中“面试记录及评价依据”栏。

a. 单项评价指标的等级

等级	评价指标等级定义
4（杰出）	非常有效而一贯地展现了该评价指标所期望的行为。
3（良好）	一贯、有效地展现了该评价指标的行为。
2（需改进）	未能一致和 / 或有效地达到此评价指标的某些期望的行为。
1（不可接受）	在评价指标的行为表现并可接受，需立即改进。明显违反一项或多项评价指标的要求。

b. 单项评价指标的评价标准

以“3”为评价指标的参考标准值，面试官参照下表，根据应聘者的行为表现进行相关等级评估。如果在面试中应聘者没机会展示相关行为准则，只要没有违背的行为，则可对该项通用素质进行综合性评价。

评价指标	4（杰出）	3（良好）	2（需改进）	1（不可接受）
顾客导向		挖掘需求：通过聆听、沟通及分析顾客需求，站在客户角度想问题，及时帮助客户，解决常规性问题。		
		提升服务：根据客户特征，采用有针对性的措施，提高客户的满意度。		
		赢得信任：增进与客户的感情，帮助客户解决问题，树立良好的口碑，持续赢得客户信赖和忠诚。		
		创造价值：引导客户需求，关心客户成长，提供超出期望的支持和帮助，实现双赢。		
目标管理		制定目标：把部门目标分解到个人，确保直接下属都以书面形式制定和清晰绩效目标。		
		过程管理：及时评价及追踪阶段性成果，根据实际情况不断纠偏，调整方向和工作方法。		
		认同激励：对于下属获得阶段性成果及时给予认可，对于遇到的困难共同商讨，给予支持和指导。		
		绩效改进：制订绩效改进计划，消除自己或下属绩效存在的不良问题，确保下属得到相应的反馈和指导。		
团队合作		信息共享：愿意与他人分享信息资源，共同交流，积极参与团队工作。		
		服从整体：当个人和整体的利益发生冲突时，开诚布公解决矛盾，能够把整体利益放在第一位。		
		协同攻坚：不设置障碍，团队之间、个人之间互相理解、互相帮助，朝着同一方向努力达成绩效结果。		
		支持调配：当下属在组织内能获得更好发展机会时，积极支持下属的人事变动。当组织有需要对自己进行调动时服从人员调配安排。		

续表

评价指标	4（杰出）	3（良好）	2（需改进）	1（不可接受）
有效沟通		主动沟通：以平等、开放的姿态主动交流并适时给以反馈，积极对待冲突和矛盾。		
		直言兼听：能以清楚的理由和事实支持自己的观点，同时尊重他人，倾听不同的观点，接受合理建议。		
		换位思考：改变以自我为中心的思维方式，站在对方立场来思考问题。		
		分享进度：及时与他人分享工作进度，让他人了解最新的业务状况、业务的优先顺序和业务成果。		

3. 评估应聘者是否具备与公司相符的价值观与行为特征，并在《结构化面试评价表》中填写评价意见。

4. 在《结构化面试评价表》中填写“综合评价”栏（面试官可以根据岗位要求填写通用素质以外的补充评价，如领导力、专业能力、语言要求等信息），并给出最终的面试结果或录用决策。

5. 复查《结构化面试评价表》中所有信息，并由面试官签名确认。如用人部门确定录用，须在表上“录用决策”栏填上录用岗位、试用期 / 转正薪酬等信息。

6. 根据初试与复试的面试结果，进行下一步安排。完成所有面试流程、确认录用后，面试官应反馈面试结果及交接相关面试资料给 HR。

7. HR 审核面试资料是否符合要求，根据用人部门录用决策与应聘者进行薪酬及入职意向沟通。

结构化面试——面试提问表

评价指标	定义及行为准则	参考针对性提问
顾客导向	定义：处处以得到客户满意为目标提升业绩结果，超出顾客的期望。 行为准则：挖掘需求、提升服务、赢得信任、创造价值。	1）在过往工作中，做过什么事，让朋友/同事对你非常满意？你是如何做到的？ 2）新到一个部门，某天一个顾客来找你解决问题，可始终达不到顾客的满意，他投诉你们，你怎么处理？ 3）请举例你是如何确定你的工作方法能够得到同伴（或上级）的认可？如无法认可，你会怎么做？
目标管理	定义：合理制定目标，进行过程管理，为自己与他人取得的绩效结果负责。 行为准则：制定目标、过程管理、认同激励、绩效改进。	1）最近两三年你是否为自己设立了人生目标或工作目标，你将如何实现，你会多久/如何检查一次自己的进步程度？ 2）举例同时面临几项重要工作的情况下，你是如何合理规划，带领团队有效完成的。过程中出现怎样的问题，你如何调整？过程中你如何激励团队完成目标？ 3）过去是否有发现自己的瓶颈或不足，谈谈你是如何去突破的？结果如何？
团队合作	定义：在维护整体利益基础上互补互助达到最大工作效率，同时追求自身绩效结果的达成。 行为准则：信息共享、服从整体、协同攻坚、支持调配。	1）举例说明你与团队（同事或上级）出现利益冲突时候，你如何处理？ 2）举例说说当你接受一项擅长或不感兴趣的工作任务时，你会怎么做？ 3）举例说说你过去在维护团队整体利益的基础上如何追求自身绩效结果的达成？
有效沟通	定义：尊重多样性价值观，理解他人感受和想法，主动促进共识的达成来谋取最佳业务成果。 行为准则：主动沟通、直言兼听、换位思考、分享进度。	1）会议过程中出现意见不合的冲突或者冷场，大家各持己见，你会如何看待及引导大家达成共识？ 2）你是如何与不同性格及价值观的人相处的？如果要共同开展工作，你会如何促成大家达成共识？

结构化面试评价表（简版）

建议通过标准：具备与公司相符的价值观与行为特征；没有一项评价指标的得分为“1”；评价指标中得分为“2”的不超过 2 项。

序号	姓名	应聘岗位	通用素质评估（得分值 1–4 分）				综合评价	面试结果（打√）
			顾客导向	目标管理	团队合作	有效沟通		
1								□通过 □淘汰
2								□通过 □淘汰
3								□通过 □淘汰
4								□通过 □淘汰
5								□通过 □淘汰
6								□通过 □淘汰
7								□通过 □淘汰

结构化面试评价表

聘者姓名		应聘岗位		用工性质	□专职 □兼职	面试日期	
评价指标	所体现的行为准则	面试记录及评价依据					
顾客导向	□挖掘需求 □提升服务 □赢得信任 □创造价值	本项得分：□4 □3 □2 □1 面试问题： 评价依据：					

续表

<table>
<tr><td>目标管理</td><td>□制定目标
□过程管理
□认同激励
□绩效改进</td><td colspan="2">本项得分：□4 □3 □2 □1
面试问题：
评价依据：</td></tr>
<tr><td>团队合作</td><td>□信息共享
□服从整体
□协同攻坚
□支持调配</td><td colspan="2">本项得分：□4 □3 □2 □1
面试问题：
评价依据：</td></tr>
<tr><td>有效沟通</td><td>□主动沟通
□直言兼听
□换位思考
□分享进度</td><td colspan="2">本项得分：□4 □3 □2 □1
面试问题：
评价依据：</td></tr>
<tr><td colspan="4"></td></tr>
<tr><td colspan="2">建议通过标准</td><td colspan="2">面试结果</td></tr>
<tr><td colspan="2">1）具备与公司相符的价值观与行为特征；
2）没有一项评价指标的得分为“1”；
3）评价指标中得分为“2”的不超过2项。</td><td colspan="2">☑推荐复试 □淘汰 □录用</td></tr>
<tr><td colspan="2" rowspan="2">综合评价：</td><td colspan="2">录用决策：
职级：
试用期薪酬：
转正后薪酬：</td></tr>
<tr><td colspan="2">面试官签名：

日期：</td></tr>
</table>

2.3 人才测评工具

在人才甄选环节，除了传统的简历筛选、面试、背景调查等方式之外，人格和兴趣测试、认知能力测试、身体能力测试、成就感测试、评价中心技术等工具也被经常运用到。

评估对象	评估重点	适用评估工具
中高层管理人才	综合能力	面试、评价中心（案例分析、公文筐、管理游戏）、能力测验、人格测试。
专业技术人才	专业技能、工作风格	面试、专业知识笔试、能力测试。
管理培训生	管理潜力	面试、评价中心（无领导小组讨论、角色扮演）、情景模拟、管理潜质测验。
校园招聘人才	通用能力	面试、团队任务、情景面试、能力测试、人格测试。
一般操作人员	基本技能	简历筛选、面试。

人格和兴趣测试。在被辞退的员工中，大部分人是因为态度、动机和性格问题。在面试过程中，HR 通过一些在线测试工具，测量求职者的人格特征，评估与岗位的匹配度，作为录用决策的参考意见。例如，研发岗的人员在性格上偏内向型的较多。销售岗偏外向型的较多。在人力资源领域，被广泛运用的人格测试是 MBTI 测试、DISC 人格测试和大五人格测试。兴趣测试反映了职业偏好，会影响工作的积极性，霍兰德职业兴趣测试在测评中运用最为广泛。

☑ MBTI 部分题目样本（共 93 题展示 12 题）：

MBTI 性格类型测试问卷

MBTI 测试前须知

1. 参加测试的人员请务必诚实、独立地回答问题，只有如此，才能得到有效的结果。

2. 本测试分为四部分，共 93 题；需时约 18 分钟。所有题目没有对错

之分，请根据自己的实际情况选择。将你选择的 A 或 B 所在的○涂黑，例如：●

一、哪一个答案最能贴切地描绘你一般的感受或行为？

序号	问题描述	选项	E	I	S	N	T	F	J	P
1	当你要外出一整天，你会 A 计划你要做什么和在什么时候做，B 说去就去	A							○	
		B								○
2	你认为自己是一个 A 较为随兴所至的人，B 较为有条理的人	A								○
		B							○	
3	假如你是一位老师，你会选教 A 以事实为主的课程，B 涉及理论的课程	A			○					
		B				○				
4	你通常 A 与人容易混熟，B 比较沉静或矜持	A	○							
		B		○						
5	一般来说，你和哪些人比较合得来？ A 富于想象力的人，B 现实的人	A				○				
		B			○					
6	你是否经常让 A 你的情感支配你的理智，B 你的理智主宰你的情感	A						○		
		B					○			
7	处理许多事情上，你会喜欢 A 凭兴所至行事，B 按照计划行事	A								○
		B							○	
8	你是否 A 容易让人了解，或是 B 难于让人了解	A	○							
		B		○						
9	按照程序表做事 A 合你心意，B 令你感到束缚	A							○	
		B								○
10	当你有一份特别的任务，你会喜欢 A 开始前小心组织计划，B 边做边找须做什么	A							○	
		B								○

续表

序号	问题描述	选项	E	I	S	N	T	F	J	P
11	在大多数情况下，你会选择 A 顺其自然，B 按程序表做事	A								○
		B							○	
12	大多数人会说你是一个 A 重视自我隐私的人，B 非常坦率开放的人	A		○						
		B	○							

☑ DISC 部分题目样本（共 40 题展示 9 题）：

DISC 性格测试题

每一个大标题中的四个选择题中只选择一个最符合你自己的，并在英文字母后面做记号。一共 40 题。不能遗漏。（注意：请按第一印象最快地选择，如果不能确定，可回忆童年时的情况，或者以你最熟悉的人对你的评价来从中选择。）

一、

1 富于冒险：愿意面对新事物并敢于下决心掌握的人；D

2 适应力强：轻松自如适应任何环境；S

3 生动：充满活力，表情生动，多手势；I

4 善于分析：喜欢研究各部分之间的逻辑和正确的关系。C

二、

1 坚持不懈：要完成现有的事才能做新的事情；C

2 喜好娱乐：开心充满乐趣与幽默感；I

3 善于说服：用逻辑和事实而不用威严和权力服人；D

4 平和：在冲突中不受干扰，保持平静。S

三、

1 顺服：易接受他人的观点和喜好，不坚持己见；S

2 自我牺牲：为他人利益愿意放弃个人意见；C

3 善于社交：认为与人相处是好玩，而不是挑战或者商业机会；I

4 意志坚定：决心以自己的方式做事。D

四、

1 使人认同：因人格魅力或性格使人认同；I

2 体贴：关心别人的感受与需要；C

3 竞争性：把一切当作竞赛，总是有强烈的赢的欲望；D

4 自控性：控制自己的情感，极少流露。S

五、

1 使人振作：给他人清新振奋的刺激；I

2 尊重他人：对人诚实尊重；C

3 善于应变：对任何情况都能作出有效的反应；D

4 含蓄：自我约束情绪与热忱。S

六、

1 生机勃勃：充满生命力与兴奋；I

2 满足：容易接受任何情况与环境；S

3 敏感：对周围的人事过分关心；C

4 自立：独立性强，只依靠自己的能力、判断、与才智。D

七、

1 计划者：先做详尽的计划，并严格按计划进行，不想改动；C

2 耐性：不因延误而懊恼，冷静且能容忍；S

3 积极：相信自己有转危为安的能力；D

4 推动者：动用性格魅力或鼓励别人参与。I

八、

1 肯定：自信，极少犹豫或者动摇；D

2 无拘无束：不喜欢预先计划，或者被计划牵制；I

3 羞涩：安静，不善于交谈；S

4 有时间性：生活处事依靠时间表，不喜欢计划被人干扰。C

九、

1 迁就：改变自己以与他人协调，短时间内按他人要求行事；S

2 井井有条：有系统有条理安排事情的人；C

3 坦率：毫无保留，坦率发言；I

4 乐观：令他人和自己相信任何事情都会好转。D

☑ 霍兰德职业兴趣测试部分题目样本：

职业兴趣测验

本测验是有关个人兴趣、爱好方面的问题。每个人对这些问题都会有自己的看法，回答自然也是不同的，因而答案并没有对错之分，请不要有所顾忌，您完全应该根据自己的真实体验和实际情况来回答，不要花费太多时间去思考，应顺其自然，根据第一印象来作出判断。

请在题目后黑色方框中填写选项的数字代码。例如，如果选择“（1）喜欢”，就填“1”，如果选择“（2）不喜欢”，就填“2”，

注意：每一个问题都要回答，不要遗漏，以免影响测验结果的准确性

你的姓名：

（一）下面列举了各种活动，请您就这些活动作出好恶判断。	答案选项数字代码
1. 装配、修理收音机或电视等。	
（1）喜欢　　（2）不喜欢	

2. 修理汽车。	
（1）喜欢　　（2）不喜欢	
3. 装修机器。	
（1）喜欢　　（2）不喜欢	
4. 用木头做东西。	
（1）喜欢　　（2）不喜欢	
5. 骑摩托车。	
（1）喜欢　　（2）不喜欢	
6. 使用机械工具进行金属加工。	
（1）喜欢　　（2）不喜欢	
7. 修理自行车或摩托车。	
（1）喜欢　　（2）不喜欢	
8. 参加机械加工技术学习班。	
（1）喜欢　　（2）不喜欢	
9. 参加制图或描图学习班。	
（1）喜欢　　（2）不喜欢	
10. 驾驶卡车或拖拉机。	
（1）喜欢　　（2）不喜欢	
11. 打猎或钓鱼。	
（1）喜欢　　（2）不喜欢	
12. 阅读科技图书和杂志。	
（1）喜欢　　（2）不喜欢	
13. 在实验室工作。	
（1）喜欢　　（2）不喜欢	
14. 改良水果品种，培育新的水果。	
（1）喜欢　　（2）不喜欢	
15. 研究自己选择的课题。	
（1）喜欢　　（2）不喜欢	
16. 调查了解土壤和金属等物质的成分。	

（1）喜欢　　（2）不喜欢	
17. 琢磨别人的棋局。	
（1）喜欢　　（2）不喜欢	
18. 做数学题或趣味数学游戏。	
（1）喜欢　　（2）不喜欢	
19. 学习物理课。	
（1）喜欢　　（2）不喜欢	

（二）成就测试。是指一个人接受了教育或训练后学到了哪些东西，它包括知识测试和工作样本测试两种类型。知识测试分为综合知识测试、专业知识测试、外语测试等不同类型。如财务管理岗的知识测试就属于此范畴。还有社会上的一些知识考试，如 PMP 考试、经济师考试、会计师考试也属于知识测试。知识测试通常以笔试的形式完成。工作样本测试，是指要求求职者完成一项或多项基本工作任务的测试方法，如秘书等文职工作，要求其进行电子表格操作和打字速度操作。

☑ 财务岗测试题样本：

财务测试题（限时 30 分钟）

姓名：____________　　　　日期：____________

（一）单项选择题

1. 下列各项中，应列入利润表“管理费用”项目的是（　　）。

A. 计提的坏账准备

B. 出租无形资产的摊销额

C. 支付供应商的广告服务费

D. 处理旧机器设备的净损失

2. 下列各项中，不属于现金流量表“筹资活动产生的现金流量”的是（　　）。

A. 偿还债务本金而支付的现金

B. 短期、长期借款收到的现金

C. 处置固定资产收回的现金净额

D. 分配股利、利润或偿付利息支付的现金

3. 某企业收到用于补偿已发生费用的政府补助，应在取得时计入（　　）。

A. 盈余公积　　B. 营业外收入

C. 资本公积　　D. 其他应收款

4. 企业销售商品确认收入后，对于客户实际享受的现金折扣，应当（　　）。

A. 冲减当期主营业务收入

B. 确认当期财务费用

C. 确认当期管理费用

D. 确认当期主营业务成本

5. 某企业 2019 年 12 月 31 日购入一台机器设备，入账价值为 200 万元，预计使用寿命为 10 年，预计净残值为 20 万元，采用年限平均法计提折旧。2020 年 12 月 31 日该设备存在减值迹象，经测试预计可收回金额为 120 万元。2020 年 12 月 31 日该设备账面价值应为（　　）万元。

A. 120　　B. 170

C. 182　　D. 185

（二）多项选择题

1. 下列各项中，属于现金流量表“现金及现金等价物”的有（　　）。

A. 库存现金　　B. 用于支付的银行存款

C. 银行承兑汇票　　D. 持有 5 个月内到期的国债

2. 下列各项中，关于企业存货的表述正确的有（　　）。

A. 存货应按照成本进行初始计量

B. 过期且无转让价值的存货，可变现净值为零

C. 存货期末计价应按照成本与可变现净值孰低计量

D. 变质的存货，可变现净值为零

3. 资产负债表下列各项目中，根据有关科目余额减去备抵科目余额后的净额填列的有（　　）。

A. 存货　　B. 无形资产

C. 短期借款　　D. 长期借款

4. 下列各项中，影响企业营业利润的有（　　）。

A. 商品销售成本

B. 计提无形资产减值准备

C. 财务费用

D. 出售交易性金融资产损失

（三）计算题

S 公司为增值税一般纳税人，适用的增值税税率是 17%，所得税税率是 25%，年末一次确认全年所得税费用。商品、材料销售均不含增值税，商品、材料销售成本随销售收入的确认逐笔结转，本年利润采用表结法核算。相关资料如下：

资料 1：2012 年 S 公司营业收入为 1700 万元，营业利润率为 14.5%，净资产收益率为 6.3%。

资料 2：2013 年 1 月至 11 月 S 公司损益类科目累计发生额如下表所示：

单位：万元

科目名称	借方发生额	贷方发生额	科目名称	借方发生额	贷方发生额
主营业务收入		1780	销售费用	48	

续表

主营业务成本	1410		管理费用	43	
其他业务收入		180	财务费用	21	
其他业务成本	83		营业外收入		94
营业税金附加	28		营业外支出	76	

资料3：2013年12月份S公司发生如下交易或事项：

（1）12月6日，向D公司销售商品一批，开出的增值税专用发票上注明的价款为65万元，增值税税额为12.4万元，销售商品实际成本为48万元。提货单和增值税专用发票已交购货方，并收到购货方开出的商业承兑汇票。

（2）12月12日，向W公司销售材料一批。该批处理的销售价格为6万元，增值税税额为0.8万元，销售材料实际成本为5万元。材料已发出，销售款项存入银行。

（3）12月20日，结转固定资产净收益9万元。

（4）12月31日，计提公司管理部门固定资产折旧6万元，摊销公司管理部门用无形资产成本9万元。

（5）12月31日，确认本月交的城市维护建设税2.4万元。教费附加1.5万元。

（6）12月31日，确认本年所得税费用80万元。

资料4：2013年S公司平均净资产为4000万元。

假定除上述资料外，不考虑其他相关因素。

要求：

（1）根据资料3中（1）和（6）项业务，编制S公司相应的会计分录。

（2）根据资料2、资料3所编制的会计分录，编制S公司2013年度利润表。

（3）根据编制的S公司2013年度利润表，资料1、资料4，计算S公司2013年度下列财务指标：①营业利润率；②营业毛利率；③净资产收益率；④营业收入增长率。

（4）比较S公司2012年度、2013年度营业利润率、净资产收益率变化，简要评价企业的获利能力。

（答案中的金额单位用万元表示）

☑ 秘书岗上机操作题样本：

要求：

请使用Excel的数据透视表功能，从下表中汇总出：

1. 广州市业务员的销售额汇总

2. 请在数据透视表中排列出销售额最多的3位业务员

地区	业务员	销售日期	单号	销售额
广州市	刘好	2019/7/16	10248	1286.04
广州市	秦楠	2019/7/10	10249	287.60
佛山市	赵小红	2019/7/12	10250	2640.87
佛山市	张中	2019/7/15	10251	379.39
佛山市	赵小红	2019/7/11	10252	1760.87
佛山市	张中	2019/7/16	10253	859.50
广州市	马晓东	2019/7/15	10255	580.08
佛山市	张中	2019/7/17	10256	1850.62
佛山市	赵小红	2019/7/22	10257	1569.07
佛山市	李丽	2019/7/23	10258	3708.68
佛山市	赵小红	2019/7/25	10259	986.73
佛山市	赵小红	2019/7/29	10260	1796.97
佛山市	赵小红	2019/7/30	10261	790.00

续表

地区	业务员	销售日期	单号	销售额
佛山市	卢永辉	2019/7/25	10262	3864.43
广州市	马晓东	2019/7/31	10263	876.59
广州市	秦楠	2019/8/23	10264	1548.42
佛山市	吴勇	2019/8/12	10265	1377.88
佛山市	张中	2019/7/31	10266	2750.66
佛山市	赵小红	2019/8/6	10267	2107.82
佛山市	卢永辉	2019/8/2	10268	1287.97
佛山市	李丽	2019/8/2	10270	1180.40
广州市	秦楠	2019/8/30	10271	798.32
广州市	秦楠	2019/8/6	10272	690.82
佛山市	张中	2019/8/12	10273	2750.65
广州市	秦楠	2019/8/16	10274	1190.00
佛山市	李丽	2019/8/9	10275	936.87
佛山市	卢永辉	2019/8/14	10276	3170.20
佛山市	吴勇	2019/8/13	10277	830.93
佛山市	卢永辉	2019/8/16	10278	1960.80
佛山市	卢永辉	2019/8/16	10279	736.50
佛山市	吴勇	2019/9/12	10280	973.76
佛山市	赵小红	2019/8/21	10281	379.00
佛山市	赵小红	2019/8/21	10282	155.40
佛山市	张中	2019/8/23	10283	1284.80
佛山市	赵小红	2019/8/27	10284	1270.37
佛山市	李丽	2019/8/26	10285	1983.36
佛山市	卢永辉	2019/8/30	10286	2916.00

3. 评价中心技术。也称为管理评价中心技术，通过情景模拟的方式对求职者进行评价。评价中心技术主要用于考察求职者从事管理类工作所需要的管理技能、人际沟通和人格特征。常用的评价中心技术包括无领导小组讨论、角色扮演、公文筐测试、管理游戏、案例分析等。

无领导小组讨论，通常是求职者（5—7 人）组成一个小组，让他们就给出的题目讨论 1 小时左右，最后达成小组决议。在此过程中，评价者对过程进行观察，对参与者在人际关系、影响力、领导力等方面的表现打分。

☑《无领导小组讨论流程及注意事项》模板：

无领导小组面试工作准备

1. 工作人员准备好适量的《无领导小组讨论题》、草稿纸、评价表、圆珠笔等资料工具，准备面试。

2. 面试室按照应聘者人数把桌椅摆放成 U 型，面试官坐在 U 型开口处附近，可以正面看到所有候选人为宜，不宜靠得太近以免造成压迫感。

3. 工作人员带领参与无领导小组讨论的成员进入面试室后，按照简历顺序入座，入座后提醒大家把手机调成静音或关机状态。

主持人台词

开场白：欢迎各位参加今天的面试。今天的面试方式是无领导小组讨论，请你们利用这个机会，积极发言，充分地展示自己的才华。

分发试卷：现在向各位同学分发《无领导小组讨论题》和草稿纸。

自我介绍：为了方便大家相互了解，在开始进行讨论之前，每位同学有 30 秒的时间进行自我介绍，从这位同学开始 ....

阅读题目：现在请大家用 3 分钟的时间，认真阅读手上的题目，可适当拟写提纲。

开始讨论：好，我们正式开始30分钟的讨论，在规定时间内，小组需达成最终共识，形成小组统一的意见。

（**在讨论过程中或讨论时间结束前5分钟，可适当提示，也可不做提示**）各位请注意，现在距离讨论结束还有 × 分钟，请大家把握好时间。

总结陈述：时间到，下面请选派代表结论阐述，时间为5分钟，代表报告完之后，如有多余时间，其他组员可以进行补充。（如果时间有剩余，可以适当提示）还剩下 × 分钟，还有组员需要补充的吗？

结束词：好！今天的讨论就到此结束，谢谢大家的参与！请各位同学将所有材料留在桌面上，自行离场。接下来我们会进入综合评估阶段，如果能通过，我们稍后会通过短信方式通知，请各位留意。

面试结束后

1. 面试官填写面试记录表

应聘者离开后，面试官填写面试记录表，对面试记录表的每个评估项进行打分，并且选出入围的候选人。

2. 面试官合议

各个面试官对每一个候选人进行评价，提出自己印象深刻和入围的候选人，并且陈述自己观察到细节作为选择的理由。

3. 确定通过的人员名单

各个面试官通过一致同意选出最后通过的人员名单，如有面试官对候选人投不同意票，则再进行协商和斟酌。

4. 整理资料

面试工作人员把评分表和候选人资料进行分类整理，并整理出通过的人员名单和资料。

☑《无领导小组讨论评分表》模板：

无领导小组讨论评分表

评分项目	仪容仪表、语言表达			人际沟通能力			逻辑思维能力			市场意识			影响力			合计
描　述	姿态仪表得体，语言清晰连贯、层次分明，扼要表达观点并有说服力。			耐心倾听，正确理解他人的情绪和观点，有策略的沟通，态度和方式得体。			能够全面、客观、系统地分析问题，把握事物本质，条理清晰。			敏锐洞察市场趋势，处理市场信息，对问题做出深入的理解。			善于激励，对他人的行为产生影响，对目标实现体现影响力。			
该项满分	15			25			20			15			25			100
得分 / 序号姓名	优 10–15	中 6–10	差 0–5	优 20–25	中 10–19	差 0–9	优 14–20	中 7–13	差 0–6	优 10–15	中 6–10	差 0–5	优 20–25	中 10–19	差 0–9	请填写具体分值
1号																
2号																
3号																
4号																
5号																

续表

评分项目		仪容仪表、语言表达			人际沟通能力			逻辑思维能力			市场意识			影响力			合计
描　述		姿态仪表得体，语言清晰连贯、层次分明，扼要表达观点并有说服力。			耐心倾听，正确理解他人的情绪和观点，有策略的沟通，态度和方式得体。			能够全面、客观、系统地分析问题，把握事物本质，条理清晰。			敏锐洞察市场趋势，处理市场信息，对问题做出深入的理解。			善于激励，对他人的行为产生影响，对目标实现体现影响力。			
该项满分		15			25			20			15			25			100
得分 序号姓名		优 10–15	中 6–10	差 0–5	优 20–25	中 10–19	差 0–9	优 14–20	中 7–13	差 0–6	优 10–15	中 6–10	差 0–5	优 20–25	中 10–19	差 0–9	请填写具体分值
6 号																	
7 号																	
8 号																	
9 号																	
10 号																	

注：各评估项目进行评估时请填写具体分数，并计算出最终得分。

☑ 无领导小组讨论题目样本：

××公司是一家知名民企，业务突飞猛进，到了年底发放年终奖时，公司计划拿出30万元奖励各部门，现在由你和在座的几位人员组成管理委员会，听取各部门意见，起草奖金的分配方案，各部门负责人对这笔奖金分配的想法如下：

1. 销售部：认为本部门今年为公司业绩做出了最直接最高的价值，销售人员每天加班到晚上9点之后，周六也加班，付出了艰辛的努力，因此销售部门的员工应该拿最高奖金。

2. 市场部：认为公司之所以有亮丽的成绩，与部门对市场情况的敏锐分析和及时调整策略是分不开的。市场部策划了大规模的产品展示会和代理商会议，使公司获得了比往年多一倍的订单，还宣传了公司的品牌形象，因此市场部员工的奖金应该比往年要高。

3. 生产部：认为今年订单激增，部门员工在设备老旧、生产条件不佳的情况下，员工加班加点，按时、按量、保质完成了任务，平均每人每月只休息了2天，因此，生产部的员工应该拿高于平均值的奖金。

4. 研发部：认为今年销售业绩中，新研发的产品销量占了53%，研发部在极短时间内开发了2种新产品，实现了产品的规模生产，受到市场欢迎，因此研发部的员工应拿最高奖金。

5. 职能部：认为公司业务显著增加，人力资源部、财务部在人员不变的情况下，保障了公司的高速运转，这与职能部门的支持协调是分不开的，因此职能部门人员的奖金应该在平均水平之上。

问题：你们会怎么去分配呢？请在规定时间内给出你的选择，并阐述理由。

注意事项：

1. 请用 5 分钟时间进行审题和思考，如有疑问请提出，进入讨论环节后，面试官将不回答任何问题，但面试官可以就大家的观点提出问题，被提问者需要及时回答。

2. 讨论时间为 30 分钟，其间小组必须形成统一的意见，讨论时间结束后选出代表进行总结陈述；如果你们小组在规定时间内没有形成一致的意见，或未得到有效结论，你们各自的成绩将受到很大影响。

3. 选派代表的陈述时间为 5 分钟，代表报告完之后，如有多余时间，其他组员可以进行补充。

公文筐测试

公文处理测验，是一种情景模拟测试，通过设定具体的管理环境，求职者面对报告、来电、信函或其他资料，在规定的时间和条件下对每一份公文进行适当处理。评价者对求职者处理文件的行为表现和书面回答进行评估，从而评价他们组织能力、授权能力、决策能力、沟通能力等管理技能。公文筐测试操作简单，但编制成本高，不同的求职者基于不同的工作背景，对公文处理方法不同，评分较困难。

☑ 公文筐测试部分题目样本（一次测试一般呈现十个文件以上，现减为四文件展示）：

背景信息：

你是一名人力资源总监，名字叫秦晓。下午两点，助理已经将你需要处理的近日积压文件整理好，放在文件夹内。你须在两个小时内处理好这些文件，两小时后你要参加一场重要会议。在处理每一份文件时需要阐释处理方法和理由。请你根据实际工作情景或相似场景的处理方式进行作答。

文件一：

秦总：

今年公司推行新的绩效方案，半年绩效考核分数出来后，我部门的几个老员工找到我，抱怨绩效评分不客观，指标设定不合理，并举了一些例子来反驳。现在整个部门氛围非常低落，平时交代工作给他们，推三阻四。这段时间赶任务要大家加班，他们几个一到下班时间就说有事情处理加不了。这一个月销售业绩没有完成预定目标，我心里非常焦急。

此事如何处理？请人力资源部协助处理此事，防止事情越闹越大，而影响业务开展。

销售一部

年　　月　　日

文件二：

秦总：

今年我们公司销售团队计划从原来的 58 人扩招到 100 人，我们招聘团队从 3 月开始招聘，效果非常不理想，很多候选人因为公司地理位置偏僻，底薪过低而不考虑。我跟销售部的李经理沟通过此事，他们可以把招聘条件放宽到没有经验的应届生，我们也尝试了校园招聘，也面临着地点问题。其实其他岗位也因为地点问题难以招聘到人。我跟福利组的王经理也探讨过此事，觉得可以在公司附近租房，提供给新员工。这样可以解决招聘的一大难题。此建议当否，请指示。

人力资源部招聘组

年　　月　　日

文件三：

秦总：

今年受疫情影响，公司效益有所下降。目前公司较高的工资成本有一定困难。总裁提出适当降低公司的工资水平，但这又有可能造成企业核心员工流失。另外，如果真的降低工资水平，是降低固定工资水平还是降低奖金水平？请给以建议方向。

人力资源部薪酬组

年　　月　　日

文件四

秦总：

收到一份通知，本月 20 日在阳光酒店召开企业人力资源管理研讨会。届时到会的均为各企业人力资源部总经理或副总经理以及国内外一些人力资源管理专家和学者。

您是否参加？请回复，以便我及早做出安排，办理相关报名事务。

开会时间：7 月 20 日上午 8：00–11：30　　下午 13：30–16：30

助理

年　　月　　日

2.4 招聘人才库

绝大多数企业招聘都是先接到需求后才开始物色人选，但这样做带来的结果是，HR 充当救火队员的角色，招聘甄选周期长，难以满足用人部门人员快速到位的要求。特别是在一些紧急的项目或者新项目启动时，人员到位成了推进项目的关键因素，因此搭建足够的备用人才库尤为重要。

前瞻性的招聘人才库建设是在需求产生前，即使当前并没有人才需求，也要通过标准化的流程，坚持不懈地搜寻优秀人才，把符合要求的优秀人才编入人才库，以备不时之需。

哪些人才是搜寻的对象呢？一类是关键岗位，如管理人才、专业技术人才；另一类是长期招聘、需求数量较大的岗位，如销售类人才、培训机构的教师。

我们从哪里可以发现这些人才呢？一是招聘甄选过程；二是社交场合；三是同行挖掘。在招聘甄选过程中，出现两类人：A. 面试通过，但最终未能入职的人选；B. 入围最终面试，符合公司基本要求，但不是最优秀的人选，这都可以成为人才储备的目标。社交场合通常是指跟公司有业务合作的人员，透过合作了解对方，锁定一些跟企业岗位素质能力匹配度较高的人选，编入人才库。例如，企业搭建人力资源系统，找第三方合作，对接的人员就有可能成为企业人才库的目标人选。另外，行业会议这些场合的社交接触，也可以成为物色候选人的方式。同行挖掘一般我们会认为是猎头的工作，现在越来越被甲方企业的 HR 所青睐。同行挖掘首先要进行竞争对手分析，了解竞争对手的优劣势、组织架构、关键人才岗位信息等，掌握人才所在公司、资历、背景、薪酬状况及人才兴趣点、跳槽动机等，其目的就是为了人才引进。

☑《竞争对手分析表》模板：

公司	总部所属城市	是否上市	＊＊省哪些城市有分公司	内部架构			产品				人员情况			
				一级部门	二级部门	三级部门	具竞争优势的产品	产品为何具优势	产品研发上总部和分公司的分工如何	我司什么产品可在这公司招什么岗位的人	员工特点（如氛围、能力优势）	吸引员工留任的原因	员工考虑外部机会的原因（或我司可吸引他来的原因）	月/年工资薪酬结构

续表

公司	总部所属城市	是否上市	＊＊省哪些城市有分公司	内部架构			产品				人员情况			
				一级部门	二级部门	三级部门	具竞争优势的产品	产品为何具优势	产品研发上总部和分公司的分工如何	我司什么产品可在这公司招什么岗位的人	员工特点（如氛围、能力优势）	吸引员工留任的原因	员工考虑外部机会的原因（或我司可吸引他来的原因）	月/年工资薪酬结构

☑《人才储备登记表》模板：

时间	候选人	联系电话	学校	专业	公司	背景	职位	优势	劣势	薪酬	对企业感兴趣的情况	是否看机会	用人部门评价	未入职原因	联系频率	互动关系	备注

第三节 | 胜任素质模型

3.1 胜任素质模型概念

胜任素质，也称胜任力、胜任能力、胜任特征，是指员工在特定企业环境中，在具体的工作岗位上，做出优秀业绩需要的行为特征。胜任素质模型是指特定职位环境中具备的各种胜任素质的组合。

关于胜任素质的最常见模型是冰山模型。冰山模型是斯潘塞夫妇 1993 年提出，认为胜任素质共包括六个方面内容：

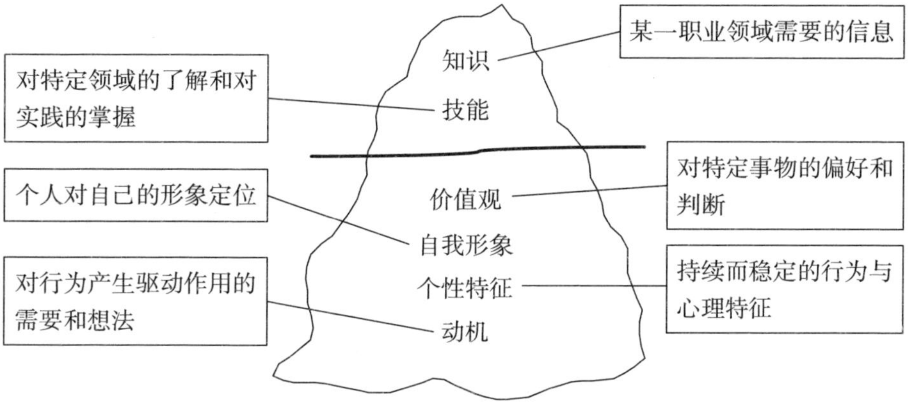

知识和技能属于海平面以上的浅层次的部分，是显性的，而价值观、

自我形象、个性特征、动机属于潜伏在海平面以下的深层次的部分，是隐性的。

胜任素质编制必须包括两项基本内容：一是胜任素质的名称和定义描述；二是胜任素质的分级行为描述，一般一个胜任素质区分 3—5 个层级的行为，行为可以衡量和效仿，各层级的难度有序递增。

通常胜任素质模型包括三类能力：全员核心胜任能力、序列通用胜任能力和专业胜任能力。全员核心胜任能力适用于企业全体员工的胜任能力，集中反映了企业文化、价值观，是全体员工的行为指引。序列通用胜任能力是在企业内多个角色都需要的胜任能力，如领导力模型、中层管理者模型、销售岗模型、研发岗模型等。专业胜任能力是指针对某一具体职位所需的特殊技能，如财务岗所需的专业能力。

☑ 结构完整的胜任素质描述模板：

胜任素质名称	胜任素质定义	层次	行为描述
客户导向	处处以得到客户满意为目标提升业绩结果，超出顾客的期望	1. 挖掘需求	通过聆听、沟通及分析顾客需求，站在客户角度想问题，及时帮助客户，解决常规性问题。
		2. 提升服务	根据客户特征，采用有针对性的措施，提高客户的满意度。
		3. 赢得信任	增进与客户的感情，帮助客户解决问题，树立良好的口碑，持续赢得客户信赖和忠诚。
		4. 创造价值	引导客户需求，关心客户成长，提供超出期望的支持和帮助，实现双赢。

☑ 胜任素质模型的描述模板：

组织发展经理胜任素质模型

	素质要项 & 层级	行为描述
胜任力	客户导向（2 级）	赢得信赖：采取具体行动，营造口碑，持续赢得客户信任和忠诚。
	系统思维（2 级）	果断行事：对于实际工作中出现的问题，能够迅速找准关键点，妥善解决。
	沟通协调能力（3 级）	分享进度：及时与上级分享工作进度。上级也应让下属了解最新的业务状况、业务的优先顺序和业务成果。
	管理和发展人才（2 级）	保留淘汰：激励和保留绩效尚可的员工，对于绩效不达标者则做出果敢的决定。
	目标管理（2 级）	追踪结果：及时评价及追踪结果，完成自己（或属下）的年中和年末绩效评估，并能够有正确的书面回馈及指导。
知识技能	企业管理知识	战略管理、企业运营、风险、创新管理等。
	组织设计能力	定岗定编、组织诊断、评估、授权、激励等知识和工具运用。
	流程管理能力	流程设计、优化、监控等知识和工具运用。
	项目管理能力	项目计划、成本、时间、风险、质量等知识和工具运用。

3.2 构建胜任素质模型的流程方法

胜任素质模型构建通常需要有以下几个流程步骤：

（1）明确企业的战略目标和企业文化。

对公司战略进行解读，对企业文化进行分析研究，在于保障岗位高绩效素质能力和行为与战略目标协同一致，符合企业文化，否则，岗位人员的绩效行为无法支持战略目标的实现。这一步骤通常通过高层管理者访谈来完成。

（2）确定要研究的目标岗位及岗位的绩优标准。

通过全面绩效评估目标岗位的各项构成要素，区分目标岗位优秀员工、普通员工和绩效较差员工的行为表现。例如，业务员的优秀员工标准是：销售目标超额完成，回款率100%，顾客满意度高，态度端正等。我们根据这些特质，确定他们为绩效优秀的员工。

（3）选择研究样本。

一般从目标岗位的员工中随机抽取3—6名优秀员工，绩效一般员工2—4名作为研究样本。

（4）收集数据。

收集数据信息的传统方法是行为事件访谈法（BEI），借助STAR技术深入地展开访谈。HR在访谈的时候要注意引导，或能熟练地抓住关键词，清楚这个行为事件的代表胜任素质是什么。BEI访谈大概2小时，在访谈之前需要做好充足准备：不被打扰的访谈空间、提前准备好的访谈提纲、笔记本、录音笔、提前准备好胜任力辞典，定义胜任素质。

☑《胜任素质模型构建访谈提纲》模板：

胜任素质模型构建访谈提纲

序号	流程内容
1	**访谈目的的介绍**
	1）明确访谈的时间、流程、双方角色。 2）告诉对方在整个访谈过程中，可能要问很多细节方面的问题。 3）保证访谈的具体内容不对公司内部任何人公开。 4）如需录音，需要事先征得对方许可。

续表

序号	流程内容
2	**了解工作内容**
	问题: 1）简单介绍该岗位的主要工作职责和工作内容。 2）在工作中占用工作时间最多的工作事项是哪项? 3）公司对本岗位提出了什么样的业绩要求? 4）本岗位的管理职能主要体现在哪些方面? 5）在管理团队中需解决的关键问题是什么？涉及哪些方面? 6）你认为在该职位上工作时，遇到最大问题或挑战是什么？原因是什么？你是如何应对处理的？请详细描述。 7）就你个人而言，你对自己做的哪些工作比较满意？请告诉我具体事例。 8）你在工作上需要制订什么计划？如何对计划进行跟踪？你当时的想法是怎样的？请告诉我具体事例。 9）你现在完成的主要工作职责与你刚接手这项工作时所用方式有什么不同？你当时的想法如何？请告诉我具体事例。 10）在工作上你是否会授权他人？如何授权和监控？授权对象是谁？请告诉我具体事例。
3	**了解工作要求**
	问题: 1）您觉得本岗位的基本要求是什么？（工作经验、学历教育、行业经验等）。 2）在本岗位上若要取得比较优异的绩效结果，你觉得最重要的素质是什么？请举例说明你的想法。 3）本工作对哪些个性品质有相对突出的要求？请举例说明你的想法。
4	**总结**
	1）表示感谢。 2）回答被访者疑问。

（5）整理和分析数据。

将访谈获得的信息进行分析并归类，即将表述同一素质的相关事件进行归类。首先，把访谈获得的事件转化成关键行为描述，最后变成素质能力项。其次，统计所有被访谈人员素质能力项 / 层级以及出现的频率，按平均等级分数（总分数 / 总频次）由高到低排列能力项。例如，“沟通能力”1级出现2次，2级出现5次，3级出现2次，4级出现3次，那总分数 =1×2+2×5+3×2+4×3=30，总频次 =2+5+2+3=12，平均等级分数 =30/12=2.5

☑ 访谈信息分析归类模板：

行号	正文	素质能力
57	当时工作量很重，加班到凌晨一两点很正常，很心酸，那段时间也成长得比较快。	学习能力（3级） 创新能力（3级）
58 59	开家长会，做大改善，他们不愿意。原来不正规，第一次开家长会，我请了高层领导做介绍，那次反响非常好。	
60 61 62 63 64	这次搬迁，由于我不在，工作协调得不是很好。搬迁需要大家配合，桌椅板凳本已协调好，但一开课才发现没有桌椅。一个星期前就确认好教室，但没细致到桌椅，头一天晚上我们还没看到桌椅。前天下午三四点主管清理好所有东西才离开，第二天7点多，开课前才发现什么都没有，就因为细节没沟通好。半小时的时间，在63层找到旅游大巴，一边谈一边搬东西上车，协调就用了10分钟。其中一个同事是残疾人，搬得满头大汗。	沟通能力（2级） 执行力（2级）
素质说明	执行力（2级）：有效沟通、合理调配资源，及时调整计划，坚定地将工作不断朝前推进。 沟通能力（2级）：以平等、开放的姿态主动沟通，积极对待冲突和矛盾；实事求是，尊重不同的观点，接受合理建议。 创新能力（3级）：对新事物具有良好的接受性；能够作为公司创新精神的倡导者。 学习能力（3级）：提倡在发展中不断学习，在学习中不断促进发展；经常性地总结经验，增加学识，提高技能。	

（6）初步建立胜任素质模型。

结合公司战略和高层访谈，对素质进行定义和行为层级划分。

（7）验证和修正胜任素质模型。

胜任素质模型确定之后，需要进一步进行素质验证，并且由各方共同参与评价岗位的胜任素质模型。对有争议的内容，需要所有参与者充分讨论后最终确定。

（8）提交终稿。

3.3 胜任素质模型的运用

企业人才的选育用留，解决岗位与人才的动态匹配，其前提条件是清晰明确企业所需的人才标准，其本质即胜任素质模型。

（1）在人员甄选中，胜任素质模型帮助企业明确人才的选拔标准。很多企业没有清晰明确的招人标准，面试官仅凭主观印象和喜好选拔求职者，导致新人离职率高，给团队氛围带来不良影响。在人才招聘和甄选中，筛选简历、面试、专业测试等流程，都是以胜任素质模型为基础进行。

☑ 胜任素质模型在面试记录表格中的运用模板：

招聘岗位：　　市场经理

姓名：　　***　　　　　　日期：

评估内容		分值	简历筛选	初试（STAR 面试法、人格测试）	复试（面试、案例分析）
核心素质	目标管理	1–10 分	8		
	客户导向	1–10 分	6		
	人员发展	1–10 分	7		
	共识沟通	1–10 分	——		
通用素质	创新能力	1–10 分	8		
	解决问题	1–10 分	7		
	学习能力	1–5 分	——		
	系统思维	1–10 分	5		

续表

评估内容		分值	简历筛选	初试（STAR 面试法、人格测试）	复试（面试、案例分析）
专业能力	市场敏锐度	1–10 分	——		
	信息收集	1–5 分	5		
	市场专业技能	1–10 分	7		

在内部人才竞聘过程中，胜任素质模型也是作为选拔内部优秀人才的标准。

☑ 胜任素质模型在内部竞聘表格中的运用模板：

竞聘评估表

被考核人：　　　　　　　　竞聘岗位：　　　　　填表日期：　　年　月

考核指标	评分标准（满分 100 分）	分值	得分
专业知识（15 分）	独立工作能力差，相关知识、技能欠缺，需要依赖上级或同事的指导行事。	1–6 分	
	具备任职岗位所需的能力和专业知识，工作能力良好，能够胜任工作。	7–11 分	
	充分掌握本职工作的全部技能和专业知识，工作处理能力很强，能够充分适应岗位需要。	12–15 分	
问题解决能力（10 分）	灵活性、应变能力差，不懂变通，无力解决突发状况。	1–4 分	
	应变能力一般，但有一定控制力和临场把握能力，能够解决部分突发问题。	5–7 分	
	应变能力强，善于变通，拥有丰富的突发事件应对技巧，经验丰富。	8–10 分	

续表

考核指标	评分标准（满分 100 分）	分值	得分
沟通协调能力（10 分）	平时很少与他人沟通，遇到矛盾习惯性回避，或者直接使用强权。	1–4 分	
	解决问题讲究实事求是，能够尊重不同的观点，接受合理建议。	5–7 分	
	善于团队合作，能够站在不同立场考虑问题，权衡各方利益，积极应对各类突发状况。	8–10 分	
执行力（10 分）	工作效率一般，基本可以按时完成工作。	1–4 分	
	工作效率不错，能够保质保量完成工作任务。	5–7 分	
	工作效率极高，善于利用时间和资源高效完成工作任务。	8–10 分	
学习能力（10 分）	缺乏学习欲望，工作方法陈旧，一成不变。	1–4 分	
	勇于尝试新的工作方法，也会对新技能、新知识保持关注。	5–7 分	
	学习成为一种习惯，在工作中不断自我提升，拥有不错的学习经验、技巧。	8–10 分	
成就动机（15 分）	安于现状，缺少更进一步的意愿。	1–6 分	
	愿意接受挑战，适当激励、条件合适的情况下，追求更高的职位、薪水。	7–11 分	
	对工作追求完美，主动追求挑战，达成更高的目标。	12–15 分	
团队合作（10 分）	能够保持基本的团队合作精神，偶尔出现懈怠情绪。	1–4 分	
	善于与熟悉的同事合作，保持良好的团队工作氛围。	5–7 分	
	善于与不同类型、不同部门的同事共事，可以很快融入新团队，并起到良好的助推作用。	8–10 分	

续表

考核指标	评分标准（满分 100 分）	分值	得分
敬业精神（10 分）	基本能遵守岗位操守，服务水平尚可。	1–4 分	
	服务水平、岗位操守较好，没有违反职业道德的行为。	5–7 分	
	敬业精神极强，具备主动奉献的精神。	8–10 分	
客户意识（10 分）	不主动了解客户需求，不清楚该为客户做什么，比较被动。	1–4 分	
	能够了解客户的基础需求，提供相关信息与服务，并及时跟进解决问题。	5–7 分	
	擅长挖掘客户深层次需求，多数情况能够超出客户的期望。	8–10 分	
评分总合计（满分 100 分）			

综合评价：

优势：______________________________

待提升：______________________________

评估人：

____

（2）在绩效管理中，胜任素质模型帮助企业明确绩效标准。很多企业的绩效考核内容中，最常见的是工作目标达成，如销售岗的绩效考核中，设定季度的营收目标，从而在进行绩效面谈时，管理者的重心放在营收目标为何无法完成，而在接下来如何解决问题上忽略了能力素质的考核内容。如果绩效管理能把能力素质与业务绩效相结合，根据胜任素质级别分别设定对应的绩效标准，将企业的绩效考核与员工的能力发展结合起来，就能使绩效考核的针对性和引导性更强。

☑ 胜任素质模型在绩效考核表格中的运用模板：

绩效考核表

考核期间：		被考核人姓名：		考核岗位：市场部经理			
考核类别	分值	考核项目	考核标准	自评	他评	领导评	综合
工作内容及任务	70	品牌推广	100% 完成公司大型活动策划和执行。（10 分）				
			品牌管理：视觉管理、领导形象管理、品牌故事提炼、文案宣传、公关事件规划。（10 分）				
			合作品牌项目的日常运营管理，完成目标 **。（5 分）				
		产品推广	辅助各项目推广，完善销售工具。（10 分）				
		对外合作	洽谈招商赞助，置换资源，达到 **。（5 分）				
			外部合作，引流新资源。（5 分）				
		企划	协助企业文化建设。（10 分）				
			企业内部公关，内部推广公司品牌，增加流量 **。（5 分）				
		团队管理	团队统筹、协调、组织和培养，离职率低于 **。（10 分）				

续表

关键绩效行为	30	管理和发展人才	主动与他人（包括下属、同事和上司）分享经验、专业知识和资源。（5分）				
			激励和保留绩效尚可的人员；而对于没有绩效的表现者能做出果敢的决定。（5分）				
			协助并支持团队成员的发展。（5分）				
		决断力	不论困难多大，敢于迎难而上，对组织中需改进的地方果敢决定。（5分）				
			整合信息，在有限的时间内进行深度分析，所做决定能强化和带动公司战略。（5分）				
			对缺乏明显事实的情形做出合理判断，面对现实，果断决定，并勇于承担风险和后果。（5分）				
合计	100						
1. 不合格（0–60）中等（61–80）良好（80–94）优秀（95以上）							
2. 自评20%，他评20%，上级领导评价60%，最后汇总评分。							

直属领导：　　　　　　　　　被考核人：

（3）在人才发展中，胜任素质模型帮助企业定位教练目标。企业发展是动态的，人员的发展要匹配企业的需求，必须通过培训提升人员的胜任素质，达到高绩效。但很多企业的培训没有瞄准企业、岗位需要的关键素质，因此常常达不到培训效果。如何让在岗的普通绩效者成为优秀绩效者，如何让将晋升的人员胜任上一职级的能力，这些问题常常让管理者头痛。利用胜任素质模型界定作为合格人才的具体要求，识别有潜力的可培训对象及其需要加强的方面，并为其提供强化和发展的机会，可以帮助企业精准定位培训需求。另外，人才发展路径结合胜任素质，对员工的胜任潜能进行评价，还能帮助员工了解个人特质和工作发展的能力需要，并在实施发展计划过程中对员工提供支持和辅导，有利于科学建立人才梯队。

组织发展经理培养方案

序号		素质要项 & 层级	培养内容	培养方法	开始时间	结束时间	备注
1	胜任力	客户导向（2 级）	客户导向	培训 + 教练			
2		系统思维（2 级）	系统思维	培训 + 教练			
3		沟通协调能力（3 级）	沟通协调能力	培训 + 教练			
4		管理和发展人才（2 级）	管理和发展人才	培训 + 教练			
5		目标管理（2 级）	目标管理	培训 + 教练			
6	知识技能	企业管理知识	公司管理的系统知识	自学			
7		组织设计能力	组织设计、定岗定编	培训 + 教练			
8		流程管理能力	流程管理	培训 + 教练			
9		项目管理能力	项目管理	培训 + 教练			

☑ 胜任素质模型在人才发展路径中的运用模板：

管理线发展路径胜任力描述

职级	胜任力	行为描述
（副）总裁（L9）	决断力（3级）	果断决策：对缺乏明显事实的情形做出合理判断，面对现实，果断决定，并勇于承担风险和后果。
	影响力（3级）	运用复杂的策略影响他人或通过微妙的幕后操作使别人接受自己的观点。
	管理和发展人才（3级）	支持发展：协助和支持团队成员的发展。考虑人才选拔时，是以候选人的才能为基础的，而非考虑私人关系或仅局限于本团队。
总监（L8）	决断力（2级）	深度分析：整合信息，在有限的时间内进行深度分析，所做决定能强化和带动公司战略。
	影响力（3级）	运用复杂的策略影响他人或通过微妙的幕后操作使别人接受自己的观点。
	管理和发展人才（3级）	支持发展：协助和支持团队成员的发展。考虑人才选拔时，是以候选人的才能为基础的，而非考虑私人关系或仅局限于本团队。
副总监（L7）	决断力（2级）	深度分析：整合信息，在有限的时间内进行深度分析，所做决定能强化和带动公司战略。
	影响力（2级）	在他人面前做出某种表现，给别人留下好的印象，通过与别人的兴趣和利益联系起来或采用多种方式影响他人。
	管理和发展人才（3级）	支持发展：协助和支持团队成员的发展。
高级经理（3）	系统思维（3级）	打破常规：不故步自封，能够摆脱以往经验的束缚、打破思维定势、创造性地解决问题。
	创新能力（3级）	热衷改变：行业内创新的先驱，热衷于创造性地解决问题。
	管理和发展人才（2级）	保留淘汰：激励和保留绩效尚可的人员；而对于没有绩效的表现者能做出果敢的决定。

续表

职级	胜任力	行为描述
经理（L5）	系统思维（2级）	当机立断：对实际工作中出现的问题，能够比较快地抓住关键，寻求可行的最佳解决方案，并尽快执行。
	创新能力（2级）	支持改变：对新事物具有良好的接受性；能够作为公司创新精神的倡导者。
	管理和发展人才（2级）	保留淘汰：激励和保留绩效尚可的人员；而对于没有绩效的表现者能做出果敢的决定。
副经理（L4）	系统思维（1级）	全面性：在开展工作时，要做到整体与部分的统一，既能考虑到有利因素，也要考虑到负面情境发生的可能性及应对方案。
	创新能力（1级）	尝试改变：对新事物抱有无所谓的态度；解决问题时愿意尝试新的方法。
	管理和发展人才（2级）	保留淘汰：激励和保留绩效尚可的人员；而对于没有绩效的表现者能做出果敢的决定。
主管（L3）	执行力（2级）	不断推进：有效沟通、合理调配资源，及时调整计划，坚定地将工作不断朝前推进。
	管理和发展人才（1级）	经验分享：主动与他人（包括下属、同事和上司）分享经验、专业知识和资源，以有助于他人的发展和成功。
	客户服务（2级）	赢得信赖：采取措施，树立良好的口碑，持续赢得客户信赖和忠诚。
	有效沟通（2级）	换位思考：打破自我中心的思维模式，站在不同立场来考虑问题。
（副）主管（L2）	执行力（1级）	贯彻目标，有效利用资源，保质保量达成目标的能力。
	管理和发展人才（1级）	经验分享：主动与他人（包括下属、同事和上司）分享经验、专业知识和资源，以有助于他人的发展和成功。
	客户服务（2级）	赢得信赖：采取措施，树立良好的口碑，持续赢得客户信赖和忠诚。
	有效沟通（2级）	换位思考：打破自我中心的思维模式，站在不同立场来考虑问题。

续表

职级	胜任力	行为描述
文员 / 专员（L1）	客户服务（1 级）	把握需求：通过聆听、沟通及分析把握顾客需求，并及时响应，解决常规性的顾客问题。
	学习能力（1 级）	向有经验的人学习好的想法和做法，并应用到工作中。

第三章　培训与开发操作指南

第一节 | 企业培训管理制度

1.1 培训管理

一个完整培训管理体系包括培训需求与计划制订、培训实施、培训成果转化和培训效果评估四个阶段。通常定义为，企业针对满足战略和组织文化需要，提升组织绩效而开展的各种培训活动所实施的有目的、有计划的管理活动。

1.2 培训计划

培训计划一般以年度、季度、月度为周期，以企业经营目标为导向进行编制，培训计划要支撑企业各项核心工作要务的落地。它包含培训目标、培训对象、培训内容、培训形式、培训时间、培训考核、负责培训的人员、讲师、培训费用预算等内容。

每年年末企业都会进行来年培训计划制订。首先，公司各部门根据岗位人员适配情况，业务发展需要，进行培训需求分析，制定出本部门的来年培训需求。人力资源部培训负责部门收集各部门需求并进行沟通分析，结合公司战略，制订出年度整体培训计划，在此基础上根据情况实时变化，再定出月度计划。以下是培训计划制订的流程。

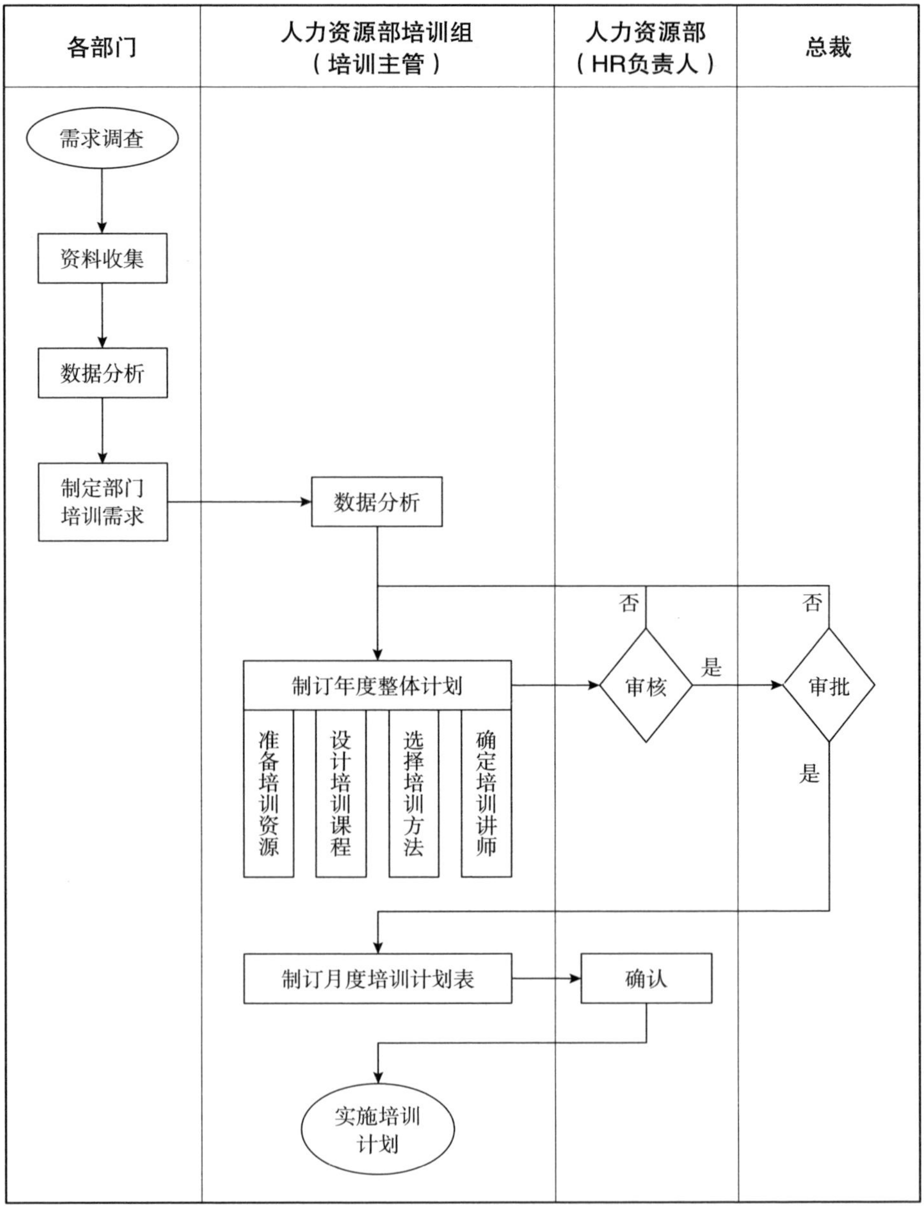

培训计划一般包括培训目的、培训方法、培训讲师、培训对象、培训

时间地点、培训预算、培训效果评估等几部分内容。培训预算包含了培训用品费、讲师费、餐费等，每年年末企业做年度预算时，会把培训费用预算列入人力资源管理费用中。

以下是培训费用预算的工具表格。

☑《年度培训费用预算明细表》模板：

项目	项目明细	1月	2月	3月	4月	5月	6月	7月	8月	9月	10月	11月	12月	小计
内训餐费	工作人员餐费													
	学员餐费													
讲师费用	外聘讲师费用													
	内部讲师奖励													
培训奖励费	奖品费用													
	奖励费													
	奖杯制作费													
培训用品购置费	购买书籍													
	茶饮食品													
	培训资料													
	培训道具													
	办公用品													
外训费用	交通费													
	住宿费													
	餐饮费													
	课程费用													
员工培训补贴														
培训杂费														
合计														

☑《月度培训计划表》模板：

__________部门________年____月培训计划表

序号	培训课程	培训时间	培训地点	预计人数	预计课时	培训讲师	培训对象	教学方式	考核方式	培训目的
1								□讲授 □实操 □讨论 □其他		
2								□讲授 □实操 □讨论 □其他		
3								□讲授 □实操 □讨论 □其他		
4								□讲授 □实操 □讨论 □其他		
培训总场次：____场　学员人数合计：____人　培训总课时数：____小时										

注：请各部门于每月 25 日前将培训计划交至人力资源部。

填表人：________　部门负责人审批：________　人力资源部复核：________

1.3　培训需求

培训管理的第一步就是确定培训需求，简单而言，确定培训需求的过程就是组织决定是否有必要进行培训和培训什么内容的过程。很多公司的培训需求，是通过调查员工个人需求而确定出培训内容。员工从个人职业发展需要和喜好出发所提的培训需求，有时跟公司的培训目的不相符。因此我们在做培训需求分析和评估时，需要从组织、任务、个人三个方面进行。

关于组织层面的需求，我们需要了解组织在一定时期内的战略目标。包括企业规模扩张或者缩减的程度、投入资源的优先情况、哪些部门或者岗位是重点关注等。知道组织想要你做什么，对培训项目的设计和执行都起着决定性的作用。

关于任务层面的需求，根据工作标准、岗位的能力要求，判断这个岗位上的人员是否可以胜任该职位，哪方面的知识、技能有待强化。在实践过程中，很多企业会借助胜任素质模型进行培训需求分析。

有关个人层面的需求，通过了解员工的工作绩效、状态、学习意愿等，确定哪些人需要培训及需要何种培训。以下是需求分析评估过程使用的表格。

☑《年度培训需求调查表》模板：

年度培训需求调查表

部门	培训时间	培训目的	培训课程	培训对象	培训讲师	培训形式（内训或外训）	备注

续表

部门	培训时间	培训目的	培训课程	培训对象	培训讲师	培训形式（内训或外训）	备注

审批：　　　　　　　　　　　　　　审核：

☑《新员工培训调查问卷》模板：

新员工培训调查问卷

各位同事：

为了能更好地了解您对企业培训的看法和您本人对培训的需求，以便进行准确的分析，从而更好地完善公司的培训工作，敬请协助填写此问卷。调查结果能帮助我们构建和完善公司的培训体系，同时也是公司制订未来培训方案的重要依据。

1. 您的年龄：

○ 22 岁以下　○ 22–25 岁　○ 26–30 岁　○ 31–35 岁

○ 36–40 岁　○ 41 岁以上

2. 您现在的职位需：

○领导自己　○领导团队　○领导经理

3. 在入职当天，您接受过哪些方面的介绍？

○部门介绍　○同事介绍　○周边环境介绍　○公司介绍

○企业文化　○薪酬福利　○工作期望　○岗位职责

4. 您还希望入职当天能了解什么内容?

○______________________________

5. 您认为集中的入职培训在您入职后多长时间进行较为合适?

○ 30 天内　○ 30-60 天　○ 60 天后

○其他(请注明)______________________

6. 您希望在集中入职培训课程中能了解到什么内容?(可多选)

○公司业务　○公司战略　○公司架构　○各部门职责

○企业文化　○绩效发展　○薪酬福利　○发展通道

○公司培训　○其他(请注明)______________

7. 您乐意接受的培训方法(可多选):

○讲授法　○讨论法　○案例教学法　○经验交流

○竞赛法　○游戏法　○情景模拟　○实地参观

○其他(请注明)______________________

8. 关于本次培训的内容及形式有何建议:

○______________________________

1.4 培训实施

培训实施是按照事先拟定的培训计划,采用恰当的培训方式,帮助学员掌握相关知识、技能和方法的过程。实施一场培训,我们一般分为培训前、培训中、培训后的工作。培训前主要包括培训通知确认(如学员通知、教师事项确认),和培训准备(如培训场地、教学道具、学习资料)两个方面。培训中的工作包括纪律管理和组织协调,如学员参与记录、互动讨论协调、资料发放、考试、评选环节协助等。培训后的工作包括培训评估(学员、讲师、课程汇总分析)、学员行动计划追踪、作业辅导等。以下是培训实施过程中运用到的工具表格。

☑ 培训前通知学员的《课程邀请信》模板：

______________课程邀请信

欢迎您！

参加___________课程！

培训学院特别向您致以欢迎之意！我们热切地期盼您的到来！

请预先完成附件中的课前准备手册，以达到最佳的学习效果！

我们诚挚地希望您在课程期间能够一切愉快！

课程地点：______________

课程日期：______________

课程开始时间：__________

课程内容：

温馨提示：

1. 确保课前完成《学员课前准备》和《课后行动计划手册》，教练签名确认，携带参加课程。

2. 请穿着轻便办公服饰或工服，带工牌（勿穿着圆领 T 恤、运动鞋、牛仔裤、拖鞋及凉鞋），请自备外套。

3. 全程参与课程，缺席课程半天以上，将不给予毕业。

☑ 培训前的准备情况《培训前准备事项检查表》模板：

培训前准备事项检查表

课程名称： 课程日期： 课程经理：

使用流程：

1. 课程经理安排工作，开课四周前派发给大家。
2. 课程经理随时追踪。
3. 完成 / 追踪栏打钩以及签名确认。

前 4 周			
完成	追踪	负责人	项目
			与部门沟通培训事项
			接受学员报名单与部门沟通报名情况
			汇集报名资料给 ××
			与部门沟通报名，视情况调整人数
			汇集报名数据与部门确认学员名单
			确定订房学员数量
			确定学员手册
			设计毕业证书
			提醒完成课前作业
前 3 周			
完成	追踪	负责人	项目
			寄出学员课前资料和欢迎信
			准备 / 通知 / 确认以下数据至培训部统筹员处： ☐ 学员手册 ☐ 毕业证书夹 ☐ 学员名牌 ☐ 课程 \ 教师评估表（备用各 2 张）及评估说明 ☐ 课程奖品 ☐ 课程所有用具

续表

前2周			
完成	追踪	负责人	项目
			完成课程费用预算单
			完成欢迎演示文稿（Welcome PPT）
			追踪确认部门统筹员的准备情形
			完成毕业证书
前1周			
完成	追踪	负责人	项目
			完成分组名单、准备好课程评估、学员表现评估表
			□ 数码照相机 □ 所有课程数据 □ 课室道具 / 书籍
前1天			
完成	追踪	负责人	项目
			检查所负责课堂 PPT 及教学视频带正常，派发数据及工具齐全
			完成课程海报
			完成讲台的设备检查
			摆放学生手册 / 名牌 / 教具
			检查茶饮存货
			确保所有地方清洁干净（课室、洗手间、饮料台）
			检查教室布置摆设及海报
			安排学员入住

☑《培训中事项检查表》模板：

培训中事项检查表

完成时间	完成请打√	工作
上课前		开培训室的灯及冷气
		开电脑、音响系统，并确保 PPT、音频、视频、麦克风运作正常
		播放欢快的音乐
		将欢迎海报放在培训室门口
		确保学员铭牌、学员道具、白板纸等摆放整齐、充足
		确保本日课程道具、海报、信息单无误、摆放整齐
		确保有足够的热水、冷水，并随时补充
		确保有足够的咖啡、奶茶、茶包、纸杯、搅拌棒、纸巾、点心等
		将学员分组表、学员评估表分发给其他在场辅导老师
课程中		随时拍摄学员照片
		关注学员课堂上的行为
下课前10min		确保有足够的热水、冷水
		确保有足够的咖啡、奶茶、茶包、纸杯、搅拌棒、纸巾、点心等
		根据学员订餐名单，将盒饭摆放整齐
午休前10min		确保有足够的热水、冷水
		为讲师准备咖啡（如适用）
		准备水果
下午第一个课间前10min		确保有足够的热水、冷水
		确保有足够的咖啡、奶茶、茶包、纸杯、搅拌棒、纸巾、点心等
		准备第二天课程的道具、海报、信息
		更换、补充学员白板纸、白板笔

续表

完成时间	完成请打√	工作
课程结束后		清洁培训室
		关闭电脑、总控台、音响设备，给麦克风电池充电
		照相机充电
		和下一天讲师交接待办事项

☑《培训后事项完成检查表》模板：

培训后事项完成检查表

课程后一周			
完成请打√	追踪	负责人	项目
			完成负责小组学员表现评估
			完成课程实际费用计算
			完成课程报告
			发学员表现评估报告至学员所属部门
			整理课程评估纪录 / 归档
			学员基本数据归档

☑《员工培训汇总表》模板：

员工培训汇总表

序号	组织部门	时间	姓名	所在部门	职务	培训课程	形式	课时	考核方式	成绩	备注

续表

序号	组织部门	时间	姓名	所在部门	职务	培训课程	形式	课时	考核方式	成绩	备注

☑《员工培训档案》模板：

员工培训档案

编号：　　　　　　　　　　人力资源部制

<table>
<tr><td>姓名</td><td></td><td>性别</td><td></td><td>出生年月</td><td></td><td>身份证号码</td><td colspan="2"></td></tr>
<tr><td>学历</td><td></td><td>专业</td><td></td><td>所属部门</td><td></td><td>职位</td><td colspan="2"></td></tr>
<tr><td colspan="2">培训时间</td><td colspan="2">培训内容</td><td>组织部门</td><td>培训形式</td><td>考核成绩</td><td>课时</td><td>备注</td></tr>
<tr><td colspan="2"></td><td colspan="2"></td><td></td><td></td><td></td><td></td><td></td></tr>
<tr><td colspan="2"></td><td colspan="2"></td><td></td><td></td><td></td><td></td><td></td></tr>
<tr><td colspan="2"></td><td colspan="2"></td><td></td><td></td><td></td><td></td><td></td></tr>
<tr><td colspan="2"></td><td colspan="2"></td><td></td><td></td><td></td><td></td><td></td></tr>
<tr><td colspan="5">人力资源培训组评语：

签名：
年　月　日</td><td colspan="4">所在部门评语：

签名：
年　月　日</td></tr>
</table>

1.5 培训成果转化

在开展培训过程中，经常出现学员听课时很激动，过后一动不动的现象。无法实现培训的有效价值转化成了企业老大难问题。从“知道”到“做到”，中间经历无数的刻意练习，这个过程中受到领导和同事的支持、运用的机会和受训者的自我管理能力等多方面因素影响。培训转化的时间较长，而被企业的培训组织者所忽略。

培训的价值在于培训内容转化到实操中，帮助工作绩效提升，促进公司目标达成。如果只关注培训组织和实施过程，这场培训的目的是没有实质性的价值和意义的。以下是培训组织者在培训后成果转化追踪过程中会运用到的工具表格。

☑ 发送给参训学员的教练或直属上级的《课后行动计划完成通知单》模板：

课后行动计划完成通知单

亲爱的教练：

请您于 3 个月内当学员完成课后行动计划之后，除了签名确认学员已完成课后行动计划之外，并请利用以下指引协助检视学员，在完成课程后与课前表现有些什么改变？并将此完成通知单邮件发给培训学院______ 邮箱：______

一、课后行动评估

课程单元	课程后决定采取的行动	课后行动的效果	教练回馈

续表

课程单元	课程后决定采取的行动	课后行动的效果	教练回馈

二、结果评估

目标（符合 SMART 特性）	课后行动计划的衡量指标	课后行动计划的结果

三、教练回馈

您针对学员课后个人工作绩效改变或行为改变的评估意见是：

____

____

____

____

课后行动计划鉴定 □ 通过 □ 不通过

学员签名：______________ 日期：______________

教练签名：______________ 日期：______________

☑ 发送给参训学员的教练或直属上级的《学员课后行动计划单》模板：

学员课后行动计划单

培训的最终目标是促进业务增长，请协助学员依据业务的四个层面（顾客满意、人员、营业额、利润）工作重点（方向性目标），制定符合SMART特性的执行性目标以支持方向性目标达成。

范例：

方向性目标：

执行性目标：

项目	方向性目标	支持方向性目标的执行性目标
		1.
		2.
		1.
		2.
		1.
		2.
		1.
		2.

请与学员共同选择其中2个执行性目标，作为课后行动计划。

☑ 培训组织者在培训后跟踪转化情况的《拜访学员沟通表》模板：

拜访学员沟通表

学员	拜访记录
教练对学员的课后行动计划的跟踪情况	
在实际工作中，知识的运用情况（包括具体的事件，采取的行动，结果，启发，以后如何做）	
学员有什么改变	
最成功的地方或者事例（如何成功的）	
目前最大的障碍（引导学员得到解决方法）	
建议：	行动：

1.6　培训评估

☑《培训效果评估表》模板：

培训效果评估表

课程名称：________________　　培训讲师：________________

姓名：________________　　培训时间：________________

说明：为了不断提高培训质量，请您认真、完整填写此调查表，在相应的数字上划“√”，感谢您的支持与配合！

课程内容		满意				一般			不满意		
		10	9	8	7	6	5	4	3	2	1
1	内容的连贯性	○	○	○	○	○	○	○	○	○	○
2	内容的主次分明程度	○	○	○	○	○	○	○	○	○	○
3	重点内容的深度	○	○	○	○	○	○	○	○	○	○
4	内容的适用性	○	○	○	○	○	○	○	○	○	○
授课讲师		满意				一般			不满意		
		10	9	8	7	6	5	4	3	2	1
5	语言简练、表述清晰、重点突出	○	○	○	○	○	○	○	○	○	○
6	对授课时间的掌控度	○	○	○	○	○	○	○	○	○	○
7	对课程内容的深入展开程度	○	○	○	○	○	○	○	○	○	○
8	互动活动比例	○	○	○	○	○	○	○	○	○	○
9	培训方法的运用多样化	○	○	○	○	○	○	○	○	○	○
组织服务		满意				一般			不满意		
		10	9	8	7	6	5	4	3	2	1
10	培训的组织与安排	○	○	○	○	○	○	○	○	○	○
11	现场服务	○	○	○	○	○	○	○	○	○	○
12. 参加此次培训的收获（可多选）											
A. 获得了工作需要的新知识											
B. 理顺了过往工作中的一些模糊概念											
C. 获得了能够应用在工作中的实用技巧、经验											
D. 有助于对过往工作进行思考、总结，并以此反观自身及工作											
其他（请填写）											
13. 您觉得本次培训最需要改进的是（至少三点）：											

续表

14. 您今后最希望参加哪些方面的培训?

☑《学员评估表》模板:

________课程学员评估表

课程名称: 课程时间: 评估者:

学员姓名	直属上司	部门名称	课堂表现讲师回馈(1-5分,5-很强 4-强 3-中 2-弱)					迟到、早退、请假、手机情况	课后行动计划是否审阅签字确认	完成课前准备手册及相关鉴定	目标设定符合SMART
			参与团队讨论及贡献	分享意见及提出问题	专注程度	遵守规则与程序	整体参与度				

续表

学员姓名	直属上司	部门名称	课堂表现讲师回馈（1–5分，5–很强 4–强 3–中 2–弱）					迟到、早退、请假、手机情况	课后行动计划是否审阅签字确认	完成课前准备手册及相关鉴定	目标设定符合SMART
			参与团队讨论及贡献	分享意见及提出问题	专注程度	遵守规则与程序	整体参与度				

1.7 培训管理制度范本

☑《培训管理制度》模板：

培训管理制度

一、总则

1.1 为形成良好的学习文化提供制度上的措施和流程，为公司的发展培养和储备人才；

1.2 通过培训的规划和有计划的项目开展，提高员工的业务技能和综合素质，使培训成为员工的福利和具有价值的投资；

1.3 通过培训管理获得高质量的培训效果，增强员工与岗位工作的适配性，帮助员工解决工作困扰，提高工作效率。

二、培训部门、岗位设置和职责

2.1 公司培训管理部门和岗位设置

2.1.1 公司在人力资源部设培训组，负责全公司培训管理；

2.1.2 外区下属公司人力资源部门设置培训管理岗位，配置专人或兼职人员负责外区的培训管理。

2.2 职责

2.2.1 培训管理部门职责

A 公司培训管理部门职责

a 建立和健全公司培训体系，包括制度、讲师、课程、流程与培训评价体系；

b 根据公司发展需要，制定公司中长期培训规划；

c 编制、实施和管控公司年度培训计划与预算；

d 策划、实施公司人才培养方案；

e 负责建立和管理公司专、兼职培训讲师队伍；

f 负责组织编写培训教材与开发培训课程，建立公司内部培训教材库；

g 负责指导、监督与评估各部门的培训工作，提供培训和培训技术支持；

h 负责外部培训信息收集、课程采购，寻求培训合作伙伴；

i 负责全公司员工普适性课程培训的组织与管理；

j 负责公司员工专业技术职务任职资格认证的组织与实施；

k 负责公司内部考试的管理与员工考试的组织与实施；

l 负责公司学以致用的组织、实施、评估与改进；

m 负责公司员工培训档案的记录与维护；

n 负责公司培训管理系统的引进与维护。

B 各部门职责

a 根据公司各岗位培训课程设置，确定部门各层级员工的培训需求；

b 根据公司年度培训规划制订部门的年度、月度培训计划，并提交至公司人力资源部审核备案；

c 组织实施部门内部培训，做好项目设计、课程设置、讲师安排、课程开发、授课管理、培训考核、资料统计等工作；

d 积极组织部门员工参加公司的培训课程和培训会议；

e 积极做好年度、月度培训工作总结，并将培训总结报表与培训档案报表提交至公司人力资源部备案；

f 积极完成部门的各项培训管理指标；

g 推荐相关兼职授课讲师，负责相关教案和教材的编写和审核；

h 实施相关员工的实际岗位技能的实习；

i 积极配合公司培训需求调查、培训满意度调查等其他培训工作。

2.2.2　培训管理岗位职责

A 人力资源部培训负责人

a 负责制定公司培训规划；

b 负责建立与维护公司的培训体系；

c 组织编制年度培训计划和培训费用预算；

d 制定培训管理制度，推动制度的执行、检查；

e 负责培训项目、培训教材的审核；

f 负责讲师的管理；

g 负责与外部培训机构的联系与合作；

h 为外区提供培训指导和支持。

B 人力资源部培训组成员

a 参与制定公司的培训规划；

b 参与建立公司的培训体系；

c 参与制定和执行公司员工培训管理制度；

d 负责编制公司年度培训计划与预算；

e 公司专、兼职讲师聘任、考核的管理；

f 公司重要培训项目的策划和组织，监控和执行培训流程；

g 跟进公司培训项目或方案的落实，培训计划执行和费用使用的分析。

C 讲师

a 组织设计、编制培训教材；

b 负责员工培训相关课程的复制与开发；

c 负责培训课程需求调查、培训效果的评估以及课程的改进；

d 参与具体培训项目的策划与实施；

e 培训技术、工具和方法的引进和推广；

f 负责员工培训课程的讲授；

g 为外区提供培训课程支持。

2.2.3 各部门培训专人职责

A 制定各部门培训管理实施细则；

B 组织培训需求调查，编制、执行和管控本部门年度培训计划和预算；

C 编制、报批并实施具体培训项目方案；

D 选拔、推荐授课讲师，协助编写培训教材；

E 指导本部门的培训工作，提供培训和培训技术支持；

F 收集、反馈学员对培训的意见和建议，改善培训方式，管理培训档案；

G 组织和实施部门内部考试。

三、年度培训计划和预算的编制

3.1 年度培训计划及预算的编制

3.1.1 编制的原则

A 围绕经营、管理目标，突出关键岗位，优先确立培训项目，在时间和费用上予以重点保证；

B 根据培训需求调查，确定培训立项；依据培训立项，确定培训预算；

C 实用、可行。

3.1.2 培训需求的来源

A 公司组织层面的需求；

B 各部门申报的培训需求。

3.1.3 编制的时间

每年 11 月公司培训部门组织培训需求调查，12 月中旬之前完成下年度培训计划及预算的编制。

3.1.4 编制的步骤

A 公司培训部门根据岗位需求课程进行培训需求调查，组织各部门填写《年度培训需求调查表》；

B 公司培训部门、各部门进行培训需求分析，与各部门讨论和确定培训需求；

C 各部门如需公司提供相应的培训项目支持，可填报《培训项目申报表》提出需求；

D 公司培训部门、各部门整合培训需求，编写年度培训计划，填制《年度培训课程安排计划表》和《年度培训费用预算表》。

3.1.5 年度培训计划的内容

A 年度培训的目标；

B 年度培训的重点；

C 年度培训的计划项目；

D 年度培训项目的分析和说明。

3.1.6 年度培训预算的内容

A 短期内部培训项目费用：课酬费、交通费、餐费和其他费用；

B 短期国内外派培训项目费用：培训费、差旅费；

C 短期国外外派培训项目费用：培训费、差旅费；

D 学历教育费用：学费、奖学金；

E 证书考试费用：考试费；

F 培训教材费用：购买教材费用、制作教材费用；

G 培训设备费用；

H 其他培训费用：培训会员费、培训奖励费用。

3.2 年度培训计划及预算的审批

3.2.1 部门负责人审核部门培训计划及预算；

3.2.2 公司人力资源部审核各部门培训计划及预算；

3.2.3 公司财务部复核年度培训预算，并纳入公司全面预算体系；

3.2.4 总裁室审批公司年度培训计划及预算；

3.2.5 公司人力资源部转发批复各部门培训计划及预算。

3.3 年度培训计划及预算的执行

3.3.1 公司培训部门、各部门为年度培训计划的执行单位；

3.3.2 培训费用专款专用，不得将培训费用以旅游、考察等名义挪作他用；

3.3.3 公司和各部门培训负责人每月 25 日前与人力资源部门确定各部门下月培训项目的内容、具体时间、培训对象、讲师、培训方式等，以保证培训计划的落实；

3.3.4 公司派往外区下属公司的培训，派出部门按计划应提前确定培训具体时间、培训内容和培训讲师，由公司人力资源部统筹培训实施并通知相关外区做好组织工作；

3.3.5　公司和各部门每月填写《培训总结月报告》，如实反映培训计划和培训预算的执行情况。

A 各部门统计由本部门组织的培训数据，公司组织的培训数据在公司报表中反映；

B 填报人应认真阅读报表说明，填报的数据应真实、准确，每一栏都必须填写；

C 上报时间为每月 3 日前（如遇周末顺延），以电子文档形式发至公司人力资源部培训管理部门；

D 公司人力资源部每月汇总、统计全公司月报表，每季度进行培训计划完成和费用情况的分析，并通报各部门；

E 各执行单位每年 7 月和 12 月对培训计划的执行和预算的使用情况进行总结。

3.4　年度培训计划的修改

3.4.1　年度培训计划的修改是指新增培训项目、延后或取消实施计划培训项目；

3.4.2　新增培训项目必须以内部申报形式报总裁室批准，并在项目完成当月的培训报表中体现记录；

3.4.3　延后实施计划培训项目，应在当月培训报表中注明原因和拟定实施时间；

3.4.4　取消实施计划培训项目，应在当月培训报表中注明原因。

四、培训项目的实施

4.1　具体培训项目方案的制订

培训实施部门根据年度培训计划于每月召开一次部门培训协调会，确定下月培训组织具体事宜，并根据各部门提交的《培训项目需求表》编制具体培训项目实施方案，内容包括人员、课程内容、时间、地点、培训方式、授课讲师、费用预算和培训要求等。

4.2 具体培训项目方案的报批

培训实施单位制订培训方案后，呈报公司或各部门主管领导审批。

4.3 具体培训项目方案的实施

4.3.1 培训项目实施前有关事项的确定和组织

A 培训实施单位根据批准的培训方案，在课前一周以《培训通知》形式通知相关部门或校区，明确培训时间、地点、学员对象、授课讲师、培训教材等事宜；

B 各部门根据通知确定培训人员，并将《培训通知》传达给员工，主管领导协助学员安排好工作，支持员工培训。学员如有特殊情况不能参加培训，须履行请假手续；

C 培训实施单位于课前 5 天向讲师发送授课通知书，协助讲师备妥培训所需用具。在讲师接到通知后，应认真准备教案，并制作成电脑幻灯片，保证课程质量；

D 培训实施单位组织培训前热身运动，将培训大纲提前发放给员工，组织学员提出重点关心的几个问题，集中反馈给授课讲师。

4.3.2 培训项目实施

A 培训实施单位根据培训的需要布置现场，准备仪器；

B 学员应在考勤、着装、上课及意见沟通等方面遵守培训纪律；

C 实施单位向学员发放培训资料，公布培训安排和纪律；

D 每位讲师授课后，由学员填写《培训效果评估表》；

E 培训管理部门汇总《培训效果评估表》，并将评估结果和学员建议反馈给授课讲师，以提高培训课程安排的合理性，促进讲师培训水平的提高；

F 培训结束前，根据课程需要安排考试或考核的，其内容、形式、成绩处理应遵循：

a 内容：遵循“培训什么考什么”原则；

b 形式：视不同培训对象、不同培训内容选择以下几种形式进行：闭卷考试、开卷考试、现场操作考试、模拟考试、课后作业、培训心得等；

c 成绩处理：培训管理部门填写《员工培训档案记录表》并存档，同时转发学员所在部门。

G 对于培训中表现优秀的学员，进行通报表扬；

H 培训结束后，实施单位应在当月培训报表中按要求填报相关信息。

4.4 培训资料的归档

培训档案分为培训计划、培训总结、培训班及学员档案、授课讲师及教案档案；

培训班及学员档案包括：培训通知、培训签到表、培训课程安排表、考试试卷及培训考试成绩单、培训小结等；

授课讲师及教案档案包括：授课通知书、培训反馈意见调查表、教案、培训考试成绩单等；

培训管理部门负责保管上述档案资料。

五、在职培训管理

在职培训包括新员工培训、员工在岗培训、储备干部培训、外派培训等。

5.1 新员工培训

5.1.1 培训类别

A 入职培训；

B 上岗培训。

5.1.2 培训组织

A 入职培训由公司与各部门培训专人组织；

B 上岗培训由新员工所在部门组织实施。

5.1.3 培训内容

入职培训的内容包括：公司简介、公司环境介绍、公司企业文化、公司管理制度、服务意识与服务礼仪、职业生涯规划、沟通技巧、安全知识等；

上岗培训的内容包括：部门和岗位职责、岗位工作流程及相关制度、岗位工作要求和工作环境介绍等。

5.1.4 培训方式

入职培训采用讲师授课、讨论的方式进行，上岗培训采用讲授与岗位实习相结合的方式进行。

5.2 员工在岗培训管理

5.2.1 培训分类

A 通用素质类培训；

B 专业技能类培训；

C 管理人员培训。

5.2.2 组织者和对象

A 通用素质类培训：公司人力资源部与各模块人力资源部门组织的企业文化类、通用技能类、职业理念类培训；

B 专业技能培训：各相关专业部门组织部门内部中、高级专业技术人员进行的相对专业的技能培训；

C 管理人员培训：公司人力资源部与各模块人力资源部门组织管理人员培训管理技能培训。

5.2.3 培训内容

通用素质类培训的内容包括公司发展与企业文化、职业素质、时间管理、安全培训、办公软件技巧等；

专业技能类培训的内容包括专业技术知识、技能等；

管理人员培训的内容包括公司管理制度、经营管理模式、各种管理技能、岗位专业知识等。

5.2.4 培训方式

通用素质类培训：讲授、专题讨论、案例分析、观看影像资料等；

专业技能类培训：讲授、专题研讨、案例分析、业务实习、外部专家授课等；

管理人员培训：讲授、专题研讨会、观看影像资料、案例分析、专题考察等。

5.3　后备干部培训管理

5.3.1　培训对象：储备主管、储备经理；

5.3.2　培训组织：人力资源部每年组织 2—3 期；

5.3.3　培训内容。

A 管理基本理论、技能；

B 后备岗位工作职责、制度文件；

C 专业基本知识等。

5.3.4　培训形式：专题培训、专家专题报告、参加脱产培训班、后备岗位短期实习、外出考察学习等。

六、培训考核和奖励

6.1　培训考核的组织

6.1.1　培训考核的对象和实施机构

A 各部门由公司人力资源部考核；

B 各参训学员由培训组织部门考核。

6.1.2　培训考核的指标及权重

A 各部门

公司人力资源部对各部门的培训考核每半年进行一次，并公布考核结果。公司每年年初对各部门的培训计划和预算编制进行考核，每季度对培训计划和预算执行情况进行反馈，对各部门重要培训项目的组织进行抽查，对公司派人到各部门的培训项目的组织进行现场抽查，对各部门培训月报表的填报每月进行评估。

各业务模块培训考核的责任人、考核内容及权重如下表：

考核内容	指标权重
培训计划和预算的制定	15%
培训计划的执行	20%
培训费用的管控	20%
培训项目的组织	10%
培训月报的填报	5%
培训指标的完成率（人均课时、满意度、培训覆盖率）	30%

B 学员

各类岗位员工每年应完成一定的培训课时。

各级人力资源部门在培训项目实施时，应根据学员的考勤、培训过程中的表现（发言、讨论中的表现）和考试成绩进行综合评估，成绩录入员工培训档案，并通告员工所在部门。

参加公司集中培训或者外派培训项目的学员，应在公司内部进行培训分享活动。

6.2 培训考核结果的使用

公司建立培训奖励机制，每年的 11 月分别在公司、各部门组织培训表彰活动，培训考核的结果作为培训奖励评比的依据之一。奖励费用在公司、各部门的年度培训预算中体现。

6.2.1 培训组织评比

A 公司每年在公司各部门范围内进行“培训组织奖”的评选（评选方案另定）。

B 优秀学员评选

公司、各部门的重要培训可以评选优秀学员。组织者根据学员的综合评定成绩，按一定比例评选优秀学员，在培训项目结束时进行表彰，颁发证书和奖品，并进行通报表扬。

七、其他

7.1　参加公司安排的培训，视作出勤；但业余时间参加培训，不视作加班；

7.2　外派培训公司将补助午餐费 20 元 / 人，报销差旅费；

7.3　公司安排的培训，费用由公司承担；但单次课程超过 5000 元，公司将与员工签订培训协议，约定服务期限；

7.4　员工参加计划外培训课程，需事前审批、事后报销，符合培训补贴条件的，公司将给予相应培训补贴（详见《培训补贴管理办法》）；

7.5　培训费用支出均需履行审批手续，培训费用超过 30000 元需经总裁审批，30000 元以下的由人力资源部总监审批。

八、附则

8.1　本制度由公司人力资源部制定、修改并解释。

1.8　新员工培训管理制度范本

☑《新员工入职培训管理制度》模板：

新员工入职培训管理制度

一、目的

1. 使新进员工熟悉和了解公司基本情况、组织架构与各部门职能，相关部门工作流程及各项制度政策，增强新员工对公司现状的认知。

2. 使新进员工能够自觉遵守公司各项规章制度和行为准则，增强员工的集体意识。

3. 帮助新进员工尽快适应工作环境，投入工作角色，提高工作效率和绩效。

4. 使新进员工认同公司的企业文化，真正融入企业，为企业发展贡献自己的力量。

二、适用范围

适用于新进员工的入职培训，包含以前在公司工作过、重新入职的员工。

三、制度涉及部门及职责

3.1　责任部门

责任部门	职责
总部人力资源部	a 修订新员工入职培训管理制度； b 指导下属子公司的新员工入职培训工作； c 设计总部新员工入职集中培训课程内容； d 挑选总部新员工入职培训讲师； e 组织实施总部的新员工入职集中培训； f 管理总部新员工入职培训的培训效果。
下属子公司人力资源部	a 根据公司新员工入职培训管理制度制订适合子公司的新员工入职培训方案； b 挑选新员工入职培训讲师； c 组织实施区域子公司的新员工入职集中培训； d 管理子公司新员工入职培训的培训效果。

3.2　协助部门

协助部门	职责
新员工所在部门	a 配合人力资源部门，组织新进员工安排相关的业务或技能培训； b 为新进员工指派一位资深员工作为其指导老师； c 监控指导老师的培训效果。

四、管理要求

4.1　管理原则

所有新进员工都需在三个月内参加入职集中培训并考试通过，否则将会延时转正。

4.2　管理内容

4.2.1　入职集中培训的内容

A 入职集中培训：

a. 企业发展与企业文化；

b. 组织架构与各部职能；

c. 人力资源管理制度：包括招聘制度、培训制度、薪酬福利制度、绩效管理制度、奖惩制度、考勤制度等；

d. 消防安全知识培训；

e. 行业竞品知识培训；

f. 服务意识与服务礼仪。

B 入职在岗培训：各员工所在部门组织的业务知识 / 技能培训

4.2.2　入职集中培训的考勤规定

a. 培训组织者根据培训人员名单制成入职培训签到表；

b 所有受训人员须在上课前签到确认；

c. 确因工作原因迟到、早退及中途缺课者应采取请假流程，否则按缺勤处理；

d 所有新进员工都需在三个月内参加入职培训，否则将会影响其正常转正时间。

4.2.3　入职培训的考核

A 入职集中培训的考核：

入职培训课程结束后，培训组织者需对员工进行考核。每次入职培训考核分设一、二、三等奖（按总评分计算），名额为总人数的 2%、4%、6%（四舍五入取整），奖品分别为价值不等的书籍，书籍扉页需有相关领导亲笔题字勉励。考核不合格者，必须继续接受下一次入职培训并补考。两次补考不合格的将在办公平台通报批评；入职培训两次补考不合格者，不得办理转正手续。

B 入职在岗培训的考核：

具体考核方案各员工所在部门制定，人力资源部门跟进结果。

4.2.4 入职培训的建档与新员工情况跟踪

A 总部人力资源部或子公司人力资源部建立完整的入职培训档案，培训内容将作为员工晋升潜力评估的标准之一；

B 总部人力资源部或子公司人力资源部将不定期对员工所在部门组织的新员工业务 / 技能培训进行跟踪、检查，以保证部门入职培训的有效进行。

五、本制度由总部人力资源部制定、修改并解释

第二节 | 培训讲师的选培与开发

2.1 培训讲师管理制度

☑《内部讲师管理办法》模板：

内部讲师管理办法

1. 目的

为充分利用公司内部的人力资源，积极培养和建设培训讲师队伍，发挥公司内部讲师在公司培训体系中的核心作用，特制定本管理规定。

2. 适用范围

本规定适用于公司总部与分公司各类内部培训讲师的管理。

3. 术语、定义及缩写

内部专职培训讲师：是指公司培训部门聘用所有培训管理者；

内部兼职培训讲师：是指非培训部门的专业技术人员或管理干部经培训部门聘任担任部分课程开发与授课的讲师。

4. 制度涉及部门及职责

4.1 责任部门

4.1.1 公司人力资源部培训处

➢ 公司人力资源部培训处是内部讲师的归口管理部门；

➢ 负责内部讲师管理规定的制定与修订；

➢ 负责公司总部内部培训讲师挑选、新任讲师的星级初定、聘任、培训、考核、年度星级调整及日常管理工作；

➢ 负责指导与监控各分公司内部培训讲师的管理工作。

4.1.2 分公司人力资源处

➢ 根据公司总部《内部讲师管理规定》管理分公司内部培训讲师；

➢ 负责分公司内部培训讲师的挑选、新任讲师的星级初定、聘任、培训、考核、年度星级调整及日常管理工作。

4.2 协助部门

公司及分公司各部门：发现人才，积极推荐优秀专业人士或管理者担任内部讲师，并为内部讲师的工作创造便利条件。

5. 管理原则

5.1.1 公司或分公司任用内部培训讲师时，初定星级原则上按其职级确定；

5.1.2 年度调整星级前的讲师课酬按初定星级或调整前的星级计发课酬，年度调整后按新的星级计发课酬；

5.1.3 内部兼职培训讲师按每课时计算课酬，内部专职培训讲师月度培训课时在6课时内不计课酬，超出6课时的按星级标准计发课酬。

6. 管理内容

6.1 内部讲师的来源：

➢ 专职内部培训讲师的来源：由公司总部或分公司培训管理部门对外聘任，专职培训讲师同样参与内部讲师的星级评定；

➢ 内部兼职培训讲师的来源：由公司总部或分公司培训管理部门不定期对内挑选。

6.2 培训讲师职责：

➢ 积极参加公司或分公司举办的讲师培训和会议，对培训方法、课程设置和课程内容等提出改进建议，协助公司培训部门完善公司培训体系；

➢ 根据公司总部或分公司培训管理部门的安排，开发并讲授指定课程；

➢ 负责编写或提供教材教案；

➢ 积极参加培训管理部门的内部讲师教研活动与讲师培训；

➢ 负责制作培训学员测试题目和测试评估工作，并将成绩提交培训管理部门。

6.3　讲师类别：

➢ 根据讲师的课后反馈评价与年度授课课时，将公司所有讲师分为一星、二星、三星、四星、五星五个等级。

6.4　讲师初定标准：

➢ 公司或分公司总监级及以上管理干部，8 年以上相关工作经验，初定为五星级内部培训讲师；

➢ 公司或分公司经理级管理干部或专业技术人员，6 年以上相关工作经验，初定为四星级内部培训讲师；

➢ 公司或分公司副经理级管理干部或专业技术人员，5 年以上相关工作经验，初定为三星级内部培训讲师；

➢ 公司或分公司主管级管理干部或专业技术人员，3 年以上相关工作经验，初定为二星级内部培训讲师；

➢ 公司或分公司副主管级管理干部或专业技术人员，2 年以上相关工作经验，初定为一星级内部培训讲师；

6.5　年度讲师星级调整标准：

6.5.1　年度内部培训讲师星级调整由两部分构成：讲师年度所有课程的课后反馈评价平均得分和讲师年度课时完成情况；

6.5.2　课后反馈评价构成（以下单项评分分为非常满意为 9.1—10 分，满意 8.1—9 分，可接受 7.1—8 分，不满意 1—7 分）。

➢ 对新知识、观念等内容的满意程度（10 分）；

➢ 内容实用性、可操作性的程度（10 分）；

➢ 内容对于今后工作的启发程度（10 分）；

➢ 仪态、仪表与风度（10 分）；

➢ 与课程主题相关之专业能力（10 分）；

➢ 课程的准备工作（含教材和 PPT）（10 分）；

➢ 讲课条理性和语言表达能力（10 分）；

➢ 激发学员的参与学习意愿方面（10 分）；

➢ 课堂气氛营造与课堂组织能力（10 分）；

➢ 对时间的掌握控制程度（10 分）。

6.5.3 年度调整等级标准：

➢ 一星讲师，85 ≤讲师考核＜ 88 年度总课时达到 8 课时以下；

➢ 二星讲师，88 ≤讲师考核＜ 90 年度总课时达到或超过 8 课时；

➢ 三星讲师，90 ≤讲师考核＜ 93 年度总课时达到或超过 12 课时；

➢ 四星讲师，93 ≤讲师考核＜ 96 年度总课时达到或超过 18 课时；

➢ 五星讲师，96 ≤讲师考核≤ 100 年度总课时达到或超过 24 课时；

评定方式：首先根据讲师全年培训课程的反馈平均分看符合哪个星级，其次考察讲师在年度总课时上是否达到该星级的课时要求，如果达到，则定为该星级；如未达到，则按下一级星级确定。

6.6 新增兼职讲师评聘程序

➢ 各部门 / 单位推荐或个人自荐（见《内部讲师推荐 / 自荐表》）；

➢ 部门负责人审核，签署意见；

➢ 人力资源部审核，组织试讲，评审小组考评打分；

➢ 总裁审批，审批后的讲师将获得相应等级讲师的资格；

➢ 讲师升级评定，程序同上。

6.7 讲师培训：

为了提高培训讲师自身技能，凡被聘为公司或分公司内部培训讲师的员工，公司每年会组织相关培训，培训包括参加外训、外请讲师内训和内部交流等。

6.8 讲师激励

6.8.1 培训课酬：

讲师等级	付酬标准
★	90 元 / 小时
★★	100 元 / 小时
★★★	110 元 / 小时
★★★★	120 元 / 小时
★★★★★	130 元 / 小时

6.8.2 课酬计算：

课酬 = 课酬标准 × 小时数 × 课程考评系数

注：课程考评系数为不少于 10 份的《培训反馈意见调查表》的平均得分转化的百分比。

6.8.3 支付范围：

➢ 培训课程必须事先经过培训管理部门审核，在公司或分公司层面讲授；

➢ 培训课程必须在公司或分公司培训课程体系范围内，不包括会议、宣讲、布置工作、单独辅导等；

➢ 培训课酬发放均需经过审批；

➢ 单次课程时间在 1 小时以上，有课件，有课后反馈意见调查评分的课程有课酬，否则不计发课酬。

6.8.4 其他措施：

➢ 公司总部或分公司培训管理部门需在每年 10 月组织调整内部培训讲师星级；

➢ 内部培训讲师担任讲师期内，开发指定培训课程，培训管理部门根据讲师所需为其购买相关培训书籍，费用控制在 100 元以内；

➢ 讲师具有优先参加所提供课程相关领域的外部培训的机会；

➢ 根据公司或分公司培训需求，开发新的课程，受到员工热烈欢迎的，讲师课反馈评分在 96 分以上者，可给予每门 300 元的额外奖励。

➢ 根据年度考核结果，每年将从讲师队伍中评选出部分优秀讲师，除给予精神奖励外，还另将单独给予相应的物质奖励。

7. 管理流程

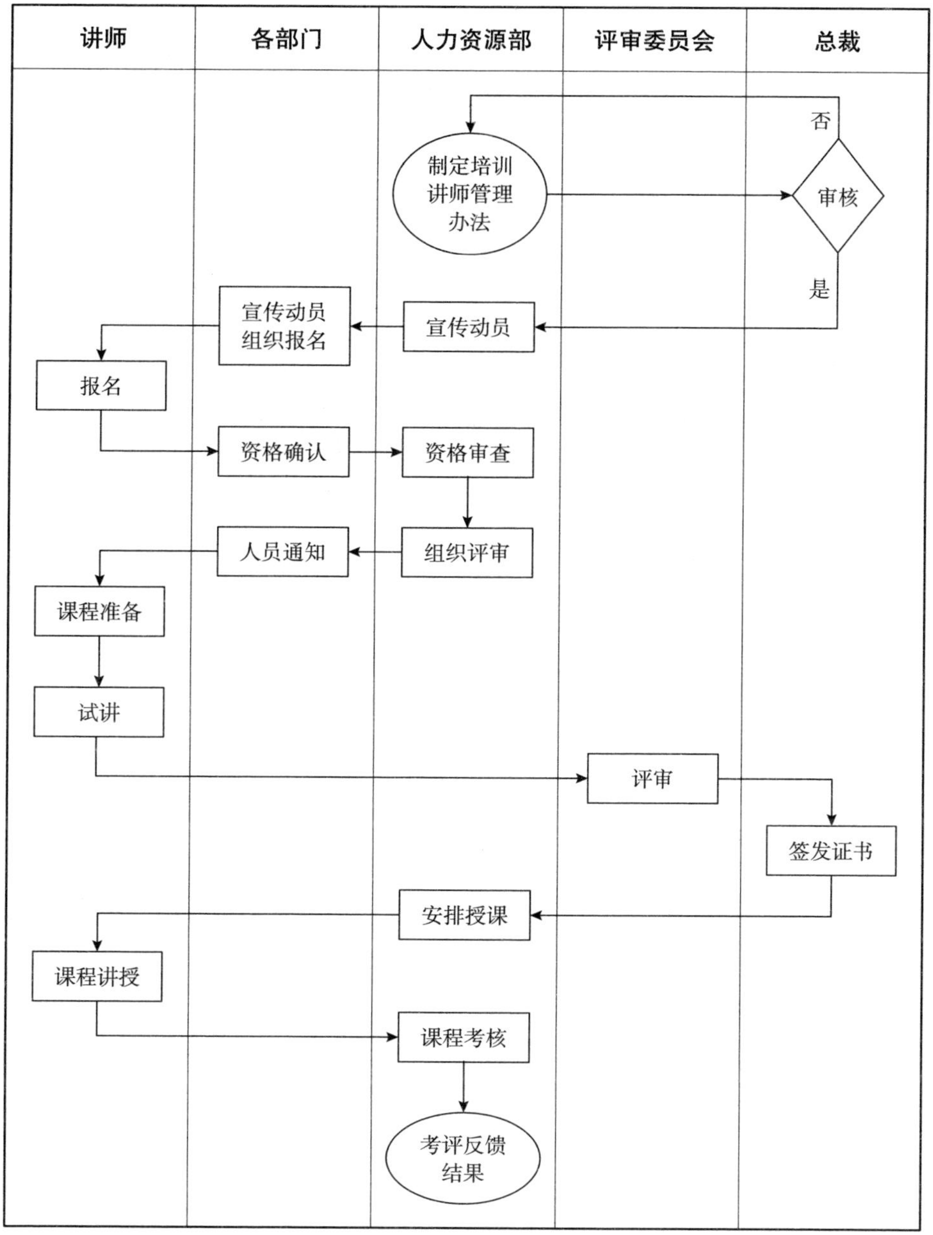

8. 本办法由人力资源部制订、修改并解释

2.2 培训讲师管理工具表

☑ 用于选聘讲师环节的《内部讲师推荐 / 自荐表》模板：

内部讲师推荐 / 自荐表

填表日期： 年 月 日

姓名		专业		学历	
部门		岗位		职称	
个人简介					
是否有相关授课经验	□是 □否 课程名称：				
推荐 / 自荐理由					
参评课程概述					
部门意见					
培训主管部门意见					
人力资源总监意见					

☑ 用于选聘讲师环节的《内部讲师选拔评价表》模板：

内部讲师选拔评价表

评委：

讲师姓名		课程名称		
部门		课程时间		
评分项目	项目内容		满分	得分
课程内容	课件设计	精致，符合专业要求	5	
	授课形式	有创意且多样化	5	
	内容准确性	准确传递信息，能听懂	5	
	课程引导	合理引导学员让其思考	5	
	提示小结	帮助学员总结讲过的内容	5	
语言表达	语言	普通话标准、措辞到位、流利	5	
	声音	洪亮、有渗透力	5	
形象和时间把控	穿着礼仪	衣着讲究、行为举止得体	5	
	时间把控	准确把握时间，不得延时或提前	5	
互动技巧	气氛调动	能调动学员积极性，课堂活跃	5	
	互动	双向互动自然流畅	5	
平均得分合计				

☑ 用于激励讲师环节的《内部讲师培训课程审批表》模板：

内部讲师培训课酬审批表

填表日期：　　年　月　日

课酬情况					
序号	讲师	培训课题	培训课时	课后反馈评分	课酬
总　计					
培训管理部门意见					
签名：　　时间：					
人力资源部门 / 分公司意见					
签名：　　时间：					

第三节 | 外部培训

3.1　外部培训管理制度

☑《外派培训管理办法》模板：

外派培训管理办法

一、总则

1. 本办法适用于公司总监及以下职位全职员工的外派培训管理。

2. 目的：为增强员工培训积极性，保证培训资金的投入效益，提升整体培训效果。

3. 外派培训的内容包括特殊的专业知识或技能课程、各种取证考试、海外交流考察、国内各 MBA 进修培训和企业经理人进修培训等。

二、外派培训申请标准

1. 参加外派培训人员应有长期服务于本公司的意愿，并与企业签订 1 年以上劳动合同。

2. 根据外派项目的具体要求，制定对外派人员关于 KPI 考核、学历、能力等方面的资格要求，必要时进行考试选择。

3. 所有申请外派培训事前需经部门负责人、人力资源部门负责人、分管总裁审批同意。

4. 外派培训费用仅限课程费用，因外派培训产生差旅费由学员所在部门预算并支付。

5. 参训者要达到本规定的培训要求。有证书的应该获得证书，没有证书的应由培训单位提供相关培训合格证明，并提交培训课件、培训发票。

三、外派培训形式

包括外派研修班、公开课、论坛、交流会等。

四、外派培训管理流程

1. 外派培训人员分为指定、推荐及个人申请三种情况。

2. 员工外派参加培训以不影响本职工作为前提，凡参加外派培训人员均填写《外派培训申请表》，由人力资源部进行资格审核，报分管总裁审批后，方可报名参加，如单次课程价格超过 5000 元，必须签订《外派培训协议书》。

3. 外派培训人员在外出培训过程中需认真学习，记好笔记并积极参与交流讨论，遵守纪律，做到仪表端庄，举止文明，虚心好学，遵守社会公德，维护公司企业形象。

4. 外派培训结束后，外派培训人员须持结业证、考试成绩或其他证明材料到人力资源部备案登记，且于返公司三天内提交《外派培训分享表》。

五、具体流程

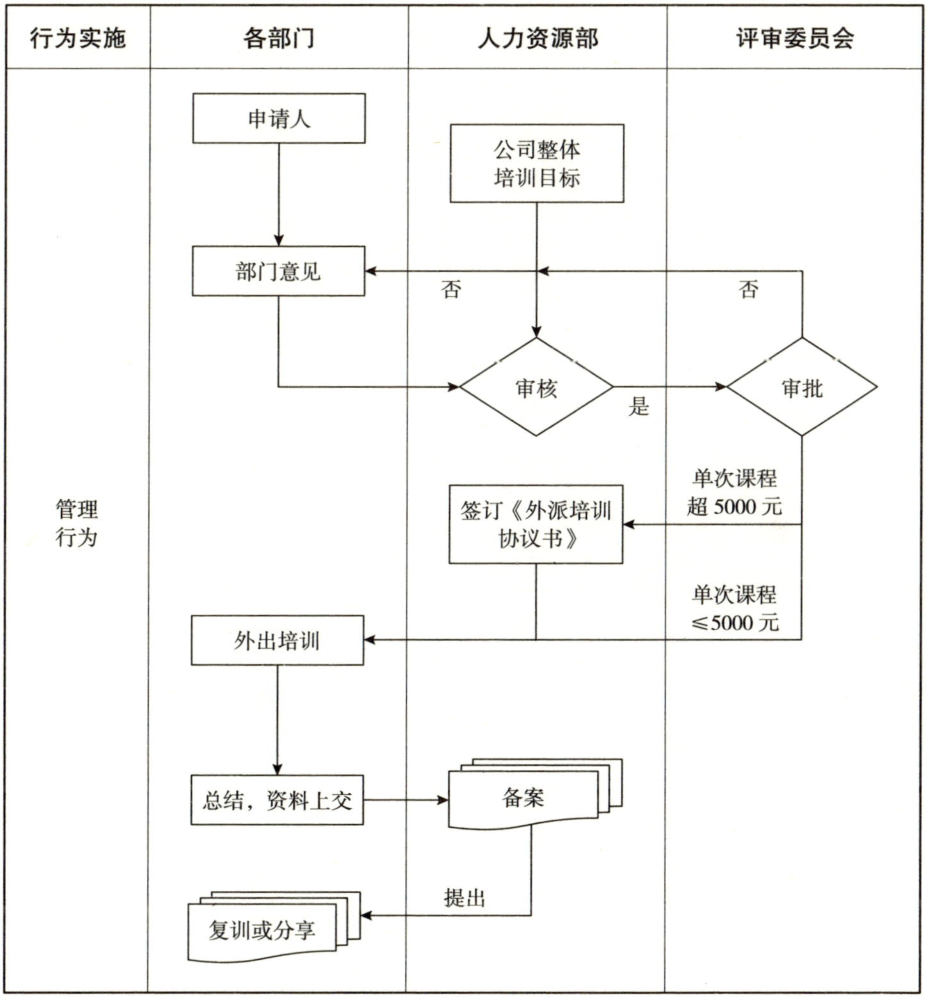
行为实施
各部门
人力资源部
评审委员会
管理
行为
申请人
公司整体
培训目标
部门意见
否
否
审核
是
审批
单次课程
超 5000 元
签订《外派培训
协议书》
单次课程
≤5000 元
外出培训
总结，资料上交
备案
提出
复训或分享

六、外派培训费用标准

1. 各职位等级费用标准

序号	职　级	包括对应的岗位	年标准上限
1	总监级及以上	副总监、总监、高级总监	15000
2	经理级	副经理、经理、高级经理	10000
3	主管级	副主管、主管	5000
4	其他	文员、专员、高级专员	3000

2. 外派培训费用实行总额控制，超出部分个人承担（公司特殊审批的除外），年底员工未用完的外派培训费用不做积累。

3. 外派培训费用单次课程超出5000元需要签订外派培训服务协议。

七、培训费用管理和监督

1. 外派培训费用应于培训完成后半个月内由培训管理部门申请报销，过期不予受理。

2. 员工外派培训资金按照专户管理和专款专用原则，不得改变资金用途。资金只能用于员工外派培训，不能用于培训基础设施建设。

3. 开展员工培训的用人部门或管理部门应建立员工外派培训费用台账。

4. 员工外派培训资金的管理使用情况应接受财务部门的检查和监督。

5. 凡骗取、套取、挪用员工培训资金的，均由有关部门根据责任人情节轻重，按有关规定予以处罚，涉嫌构成犯罪的，依法移交司法机关处理。

八、本办法从公布之日起执行，其最终解释权、修改权归人力资源部所有。

3.2 外部培训工具表

☑《外派培训申请表》模板：

外派培训申请表

填表日期：

姓名		部门		
岗位		培训时间		
申请课程名称				
申请培训原因	（如有相关培训资料，一起呈阅）			
培训机构及电话				
培训地点				
培训费用总计（预计）	课程费用	交通费用	食宿费用	其他
凭证	□发票 □收据 □证书 □证明 □其他____________			
备注				

部门审批：　　人力资源部审批：　　分管总裁审批：

☑《外派培训协议书》模板：

外派培训协议书

甲方：

乙方：　　　　　　　身份证号码：

为提高乙方综合能力及工作效率，甲、乙双方根据平等自愿的原则，达成以下培训协议，此协议与劳动合同具有同等法律作用。

一、甲方的权利与义务

1. 根据乙方自主申请，甲方同意乙方参加相关培训学习项目。

2. 甲方提供本次培训费，乙方根据实际票据统计报销。

3. 此次培训的手续，由甲方负责办理。

4. 培训结束后，由相关人员评估培训结果。

5. 接受培训之后的人员，在今后管理者提名、任职、待遇等方面，将予以优先考虑。

二、乙方的责任与义务

1. 乙方与甲方申请后，确认参加甲方安排的外派培训，并同意甲方提供的学习条件和费用。

2. 培训期间，乙方须服从公司提供的培训安排和工作，遵守培训单位的流程制度，积极维护公司形象和利益。如个人原因导致公司利益受损，乙方须承担全部责任和赔偿。

3. 培训期间，乙方须努力掌握培训知识和技能，达到培训目的，并详细记录培训笔记。

4. 乙方要严格执行公司保密制度，未经公司允许，不得在培训中泄露公司秘密。

5. 培训结束，乙方需把培训资料和笔记交给公司保存，有必要时对相关员工组织分享。

6. 如乙方再参与外部培训，需重新签订协议。

三、培训效果

1. 培训结束，甲方根据乙方的培训进行工作内容变更，乙方需服从甲方的分配。

2. 培训结束，甲方可对乙方培训结果进行考评，如果未能达到甲方的要求，或未完成培训，培训期间产生的费用均由乙方承担。

四、培训费用

1. 培训产生的实际费用包括但不限于：培养费（含各类培训及推广费）、工资、社会保险费、报名费、听课费、交通费、住宿费以及其他因培训而产生的各类费用。

2. 培训费用由乙方先行垫付，若乙方违约，参照违约责任赔付。

五、服务期限

乙方完成培训，经考核合格后应在甲方提供服务________年，若培训服务协议约定的期限超过甲、乙双方签订的劳动合同的期限，自动延长劳动合同期限至本协议期满，甲方不同意延长劳动合同期限的除外。

六、违约责任

1. 乙方违反本协议、提前解除劳动合同或培训后未按协议约定年限为甲方提供服务的，应当向甲方支付违约金。

2. 因乙方过失，导致甲方解除劳动合同，进而服务期无法履行的，乙方须向甲方支付违约金。

3. 若乙方违反本协议，须支付违约金（相应培训费用），违约金按培训后服务期，每年依次递减，递减方式如下：

基数：培训费用总额的 10%		基数：培训费用总额的 90%	
工作服务年限（年）	违约金的赔付比例	培训结束之日至解除劳动合同之日的年限	违约金的赔付比例

续表

基数：培训费用总额的 10%		基数：培训费用总额的 90%	
0–1 年（含 1 年）	70%	0–1 年（含 1 年）	90%
1 年以上	50%	1 年以上	70%
2 年以上（含 2 年）	20%	2 年以上（含 2 年）	30%
3 年以上（含 3 年）	0%	3 年以上（含 3 年）	0%

七、附则

1. 未尽事宜甲、乙双方可另做约定。

2. 若发生争议，甲、乙双方不能协商解决时，可向甲方所在地劳动仲裁委员会申请仲裁，也可向甲方所在地人民法院提请起诉。

3. 本协议一式二份，甲、乙双方各执一份，协议自签字之日起生效。

甲方：（盖章）　　　　　　　　乙方：（签名）

________年____月____日　　　　________年____月____日

☑《外派培训分享表》模板：

外派培训分享表

部门：	姓名：	填表日期：	培训日期：
目的：①能力提升；②有效建议。 规则：①各部门外派培训人返回公司后需填写外派培训分享表，并组织相关人员开分享会；②报销培训费需与外派培训分享表一起递交。			
培训课程笔记 （可另附内容）			

续表

学习心得	
通过本次培训，你对公司有何建议或意见?	

返公司后分享　　参与人：______________________________

部门负责人评分：　　　　□优　　　□良　　　□差

参训人签名：____________　　部门负责人：____________

第四章　绩效管理操作指南

第一节 | 绩效考核管理制度

1.1 绩效管理概述

绩效管理在有些人看来是绩效考核，在有些人看来是简单的打分，这样的理解都是不完全正确的。实际上，绩效考核只是绩效管理的一部分。绩效管理则是指为了达到企业的目标，通过持续循环的绩效计划、反馈沟通、考核、改进等过程管理，不断提高员工能力和素质及组织绩效的过程。绩效管理系统以驱动人员培养与成长为定位，是绩效与发展紧密结合，以绩效看发展，以发展促绩效。

绩效管理包括绩效计划、绩效辅导、绩效评价和绩效反馈四大步骤，他们形成绩效管理循环，从目标制定开始，到过程监督指导，对实际绩效达成情况进行衡量，最后对反映出来的不良绩效问题进行反馈和改进。四个环节缺一不可。

1.2 绩效管理制度范本

☑《绩效管理制度》模板：

绩效管理制度

1. 目的

确保公司战略在公司、部门 / 分公司、员工间的一致性传递，通过有效实施绩效管理，保障战略的落地与达成，实现公司的经营目标和员工绩效与能力的提升，同时也为薪酬管理、培训、规划等公司相关决策提供依据，特制定本绩效管理制度。

2. 适用范围

本制度适用于公司全体员工。但是，试用期员工、返聘的非全职人员，部分有另外年终奖金方案的员工不强制要求以此方式执行。

3. 术语、定义

3.1　1 级考核指标：公司总部是指部门级考核指标；区域分公司是指该分公司级考核指标。

3.2　五项关键绩效行为

关键绩效行为	定义	行为准则
客户导向	处处以得到客户满意为目标提升业绩结果，超出顾客的期望。	挖掘需求；提升服务；赢得信赖；创造价值。
目标管理	合理制定目标，进行过程管理，为自己与他人取得的绩效结果负责。	制定目标；过程管理；认同激励；绩效改进。
发展人才	通过行之有效的人才管理方式，促进团队成员实现个人发展和绩效发展的一致。	经验分享；保留淘汰；支持发展；选贤择能。
团队协助	在实现团队最大工作效率的同时，追求自身绩效结果的达成。	信息共享；服从整体；协同攻坚；支持调配。
有效沟通	尊重多样性价值观，理解他人感受和想法，主动促进共识的达成来谋取最佳业务成果。	主动沟通；直言兼听；换位思考；分享进度。

3.3 考核等级定义

3.3.1 工作成果等级定义

等级	定义
4 杰出	工作成果大幅度超过预期目标；对所在业务团队和部门的业务成果有杰出贡献。
3 良好	实现预期目标，并且有时超出预期目标。
2 需改进	业绩并未完成全部预期目标，绩效不能令人满意，尚需改进。
1 不可接受	几乎未达到任何目标，而且基本工作要求未得到落实。绩效亟待提高。

3.3.2 关键绩效行为等级定义

等级	定义
4 杰出	员工被视为榜样，持续有效地展现了该关键绩效行为所期望的行为。（单项关键绩效行为无被评为 1 分或 2 分的项目）
3 良好	能够有效地展现该关键绩效行为期望的行为。（单项关键绩效行为无被评为 1 分的项目，被评为 2 分的项目不超过两项）
2 需改进	未能达到该关键绩效行为的某些期望的行为。（单项关键绩效行为无被评为 1 分的项目，但被评为 2 分的项目达到 3 项或以上）
1 不可接受	关键绩效行为期望的行为表现不可接受，需要立刻做出改进，存在明显违反一项或多项期望行为的要求。（只要有 1 项关键绩效行为被评为 1 分的项目，关键绩效行为总等级直接为“1– 不可接受”）

3.3.3 总体绩效等级定义

等级	定义
4 杰出	工作成果超出预期目标，同时员工是应有的关键绩效行为的榜样。
3 良好	工作成果符合甚至有时还能超过职位的预期和既定目标，同时符合关键绩效行为的员工。
2 需改进	绩效起伏有待改善，其关键绩效行为并未如预期，不稳定。
1 不可接受	绩效不合格，需要立即改进，其行为方式明显违背关键绩效行为应有行为。

4. 绩效管理中各方的管理职责

绩效管理是员工管理和发展的基本工具。绩效管理不是人力资源部主导的管理，也不是业务部门负责人独自完成的管理。有效的绩效管理必须是各方的支持、参与及协作。

各方管理职责主要如下：

管理层	主要职责
高管团队	1. 负责明确公司的发展方向、战略和目标； 2. 审核公司各部门、分公司的年度工作重点和年度目标； 3. 提供资源配置；评估公司年度目标的实现情况。
各部门、分公司负责人	1. 明确本部门或本分公司的发展方向、战略和目标； 2. 制定本部门或本分公司年度重点工作和年度目标并进行分解； 3. 审核各团队的年度重点工作和年度目标； 4. 指导并监督本部门或本分公司绩效考核和管理工作实施（包括绩效辅导、考核与沟通、绩效面谈、结果反馈工作）。
人力资源部	公司人力资源部： 1. 负责协助公司高管对公司各部门或分公司 1 级考核指标的分解及汇总； 2. 推动、协助并监督各部门、各分公司开展绩效考核和管理工作； 3. 负责收集整理各部门、分公司的考核结果并统一备案。 分公司人力资源部： 1. 负责协助分公司负责人对分公司各部门考核指标的分解与汇总； 2. 推动、协助并监督各部门开展绩效考核和管理工作； 3. 负责收集整理各部门考核结果并统一备案。
直接上级	1. 负责员工年度绩效计划制订； 2. 对员工目标实现情况进行过程管理，及时分析目标实现偏差，提出解决方案； 3. 支持员工年度目标的实现和能力的提升； 4. 基于事实对员工年度绩效进行评估。

5. 员工绩效的组成

基于以下 3 个方面对员工进行绩效管理：

5.1　工作成果——根据目标（即员工的个人绩效计划）取得的成果

5.2 关键绩效行为——五项关键绩效行为在工作中的表现

5.3 总体绩效——该年度的总体绩效水平，由工作成果和关键绩效行为评分共同决定

6. 绩效管理原则

6.1 绩效管理是上下级共识的过程。双向共识原则始终贯穿在绩效目标的设定、执行、实现和评估等各个环节。

6.2 员工绩效目标的制定及考核由直属上级负责，间接上级作为第二考核人参与员工的绩效管理。

6.3 以结果为导向，以事实为依据，客观评估各位员工的贡献。

7. 绩效管理流程

绩效管理是一个设定目标、提供正式或非正式的跟踪反馈，并进行评估的循环流程。

在这个循环流程中，主要分为制订绩效计划、年中回顾、年末评估三个环节。

7.1 各环节时间节点及上下级具体职责如下：

时间	环节	员工职责	直属上级职责	员工 & 直接上级
1–3 月	制订绩效计划	遵循 SMART 原则，以书面形式制定个人年度目标（含发展目标）及行动计划）。	1. 组织落实； 2. 告知员工团队策略、目标； 3. 指导员工填写。	1. 面对面沟通； 2. 年度目标设定 3. 完成个人绩效计划（含个人发展计划）。
7–8 月	年中回顾	1. 了解评分标准； 2. 以书面形式反馈半年的工作成果 / 进展，及关键绩效行为在工作中的表现。	1. 了解评分标准、指引和过程； 2. 分析并收集数据、事例以确定员工的评估； 3. 及时分析目标实现偏差，提出解决方案或调整目标； 4. 评估员工半年的绩效表现； 5. 确保评估一致性与公平性。	1. 面对面绩效沟通，达成共识； 2. 调整个人绩效计划（如需要）。

续表

时间	环节	员工职责	直属上级职责	员工 & 直接上级
12 月－次年 1 月	年末评估	1. 了解评分标准； 2. 以书面形式反馈全年工作成果及关键绩效行为在工作中的表现。	1. 了解评分标准、指引和过程； 2. 评估员工全年的绩效表现； 3. 确保评估一致性与公平性； 4. 参加绩效校准会。	面对面绩效沟通，达成共识。
全年	绩效追踪与指导	1. 定期汇报工作进展； 2. 寻求上级支持。	1. 对员工阶段性的表现给予建设性反馈； 2. 辅导、帮助员工改进工作方法，提高工作技能与绩效； 3. 监督执行改进计划。	一起探讨改进方法，提升工作技能和绩效。

7.2　制订绩效计划

制订绩效计划是绩效管理循环的开始。员工的绩效目标应该反映岗位职责最重要的部分和对员工完成职责所必须发展的能力要求。绩效目标应具有一定的挑战性以利于员工的发展。

7.2.1　个人绩效计划包括的内容

每一位员工必须关注两种目标：业绩目标、发展目标（包括为下属制定的人员发展目标和为自己制定的个人发展目标）。

业绩目标：反映岗位职责最重要的部分或公司以及部门目标的关键、最具影响力的 4—6 个全年需要努力的工作目标。

发展目标：帮助员工实现绩效目标并满足其个人发展需求的 1—2 个目标，包括需要发展的 9 大能力（精力、激励、决断力、执行力和 5 个关键绩效行为）、专业能力。

7.3　年中绩效回顾

年中绩效回顾是绩效管理中，对绩效目标实现的阶段性小结，对目标推进过程中存在的问题及时解决，调整目标偏差，确保年终绩效目标的实现。年中绩效回顾包括：回顾绩效计划和目标，分析和纠正目标偏差，寻找解决方案，制订追踪计划。

7.4 年末绩效评估

以一年为周期，对员工进行年度的绩效评估。

7.4.1 绩效等级期望分布

各部门、分公司需对所有参加考核的员工进行排序，以确定员工的绩效等级。排序结果分为如下四个等级，各等级人数按对应比例执行：

绩效等级	结果排序，分布比例
4- 杰出	20%
3- 良好	70%
2- 需改进 1- 不可接受	10%

排序原则：

1. 原则上需要分层分级排序，必须遵循公平的原则；

2. 排序人员的基数以参加考核的员工为依据，并采取四舍五入的方法计算各等级的比例，部门 / 分公司最后的排序结果应符合分布比例；

3. 如不采用分层分级排序法直接混合排序（即多种职级员工在一起排序），则应避免出现职级高考核等级高，职级低考核等级低的现象。

绩效校准会：

1. 各部门、分公司在对员工进行排序时，建议进行绩效校准会。

2. 绩效校准会是为了确保同一部门内或同一排序群体中所有的员工评估标准和评分的。

3. 一致性。会议由部门或分公司负责人主持，员工的直属上级参加，邀请分管领导指导，开会。

4. 讨论如何评估员工的工作成果和关键绩效行为考核，以及校准员工的绩效等级。

5. 员工的年度绩效等级以校准会后报批通过的结果为准。

7.5　绩效等级结果的运用

员工年末绩效等级结果是年度奖金、年度绩效调薪、晋升、培训、人员配置等的重要依据。

第二节 ┃ 绩效考核实施流程

2.1 绩效计划

绩效计划一般年初制订，是一种使员工当年的目标与业务单位、部门及团队的策略和行动计划保持一致的工具。重点在于确定绩效目标，指明员工提高和发展的方向。绩效计划着重说明员工要实现的成果，而非要进行的活动。完成员工的工作，而不仅仅是重申员工的工作职责。寻找可以帮助员工发现更有效完成工作目标的方法。

员工绩效计划是通过直接管理者和下属之间的透彻讨论达成的。绩效计划讨论是双向互动的、开放的，并获得部门领导和员工一致同意。在实际操作中最常犯的错误是，单向地“下达命令”或“接受任务”，结果“强人所难”或“一厢情愿”。削弱了员工参与的积极性，不利于个人与组织的绩效提升和发展。

绩效计划内容之一：设定工作目标（含行动计划）。绩效目标设定遵循SMART原则。

S（具体的）：具体说明要完成的工作成果。忌讳含糊和概括性的陈述。

M（可衡量的）：目标或衡量指标是可数量化或行为化，数据或信息可以获得的。例如：

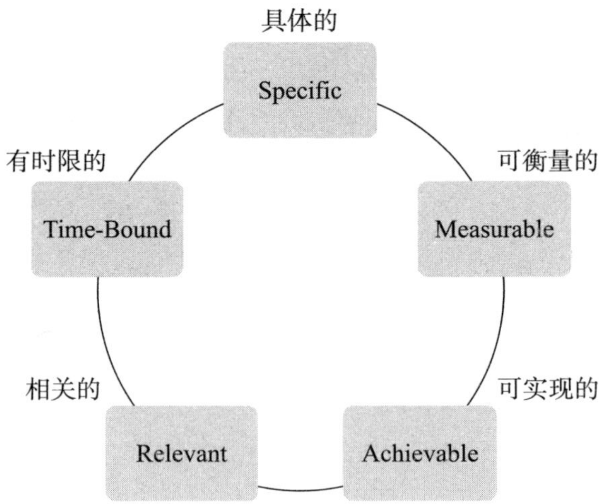

指标类型	示例
定量指标	·营收600万，利润率10%（数量）； ·每月30日前递交财务报表（规定截止时间）； ·每季度提交一份工作总结（频率）。
定性指标	·审计报告质量符合要求（反映内容真实性，整改建议可操作性等）； ·战略研究报告符合质量（调查数据量分析建议逻辑性，证据说服力等）。
项目/事件型指标	·2017年9月30前完成3种新产品开发任务； ·2018年12月31日前完成外部客户满意度调查项目，以提交满意度调查报告为衡量指标。

A（可实现的）：目标或衡量指标是付出努力可以实现的，忌过高或过低，挑战性目标可能会激励成长，但无法实现的目标会打击积极性。并且确保获得需要的培训或资源。

R（相关的）：策略、行动与目标密切相关，是能支撑目标达成的。个人的目标与企业任务的优先顺序保持一致。

T（有时限的）：为实现目标、行动计划设定一个明确的日期。长期或复杂的项目，可分期的可实现步骤作为目标。年度内错开完成时间，以避免在年终时仓促完成。

1. 工作目标设定：

来源于两个方面：一个是来自直接上级的部分目标或行动计划的分解和承接。这里，员工需要了解公司、部门和团队的策略及目标，和直接上级就分解后的目标（含标准）如何达成进行探讨，以便制订有效的行动计划。

二是来自员工的岗位职责，全年的主要及重点工作。员工需要与直属上级一起回顾与明确岗位职责，对自己的目标设立进行必要性补充，包括如何达成及标准。

2. 确定行动计划：

员工考虑并确定将如何支持这些目标，明确自己的策略和行动，在行动计划中进行阐述，最后形成完整的“支持团队业务策略的工作目标”（含行动计划）。

为了更好地实施目标，除行动计划外，员工还需要把目标在时间维度上作分解，这种分解一般是根据时间进度或目标在时间上的规律（如四个季度或各个月的波动规律），把年度目标分解为季度甚至月度的分目标，以便及时跟进、分析、纠偏。

绩效计划内容之二：设定人员发展目标。包括下属发展目标和自己的发展作目标。人员发展目标的基础是能力素质模型。能力是促进业务成果和提升员工职位所需的知识、技能和才能的结合。

设定发展目标的流程如下：

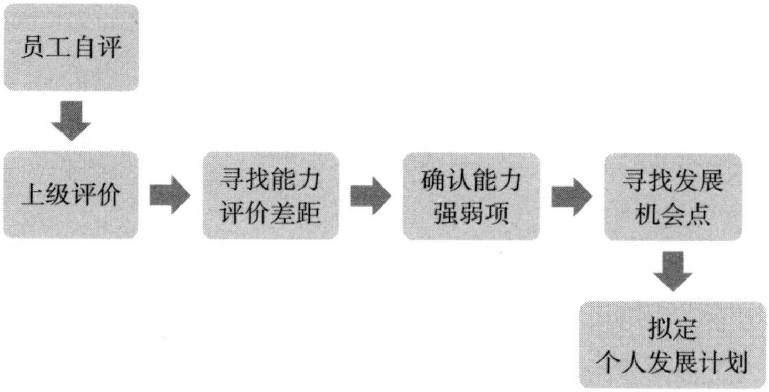

绩效计划是接下来工作的指引，很多员工做完抛之脑后，忽略其重要性。我们要避免这种懈怠态度，且要保证绩效计划的合理和有效性。因此做完需要进行自检，包括以下几个方面：

第一，目标设置是否完整：行动计划、衡量标准、完成日期。

第二，行动计划是否足以支撑目标达成，是否与目标匹配。

第三，衡量标准是否 SMART。

第四，行动计划是否在职权控制范围。

第五，是否正确理解人员发展目标、个人发展目标。

☑《个人绩效计划及评估表》模板：

个人绩效计划及评估表

员工有关信息							
姓名		**现在职位**		**职位生效日期（年－月－日）**		**年中评估日期**	
部门		**直接上司**		**加入公司日期（年－月－日）**		**年末评估日期**	
工作成果等级定义							
4 杰出	工作业绩远超预期目标，在业绩方面有杰出贡献。						
3 良好	工作业绩完成情况良好，能够完成预期任务，有时能够超额完成任务。						
2 需改进	工作业绩未能达标，绩效尚需改进。						
1 不可接受	工作业绩差，基本工作要求未得到落实。						
个人年度目标设定与评估							
目标（含行动计划）	**权重**	**衡量标准**	**完成日期**	**年中成果评估及呈现**		**年末评估及成果呈现**	
				员工自评	上级评定	员工自评	上级评定

续表

1. 您的支持团队业务策略的工作目标							
■请填写 4–6 个支持团队业务策略的目标，同时按照 SMART 原则（具体的、可衡量的、可实现的、相关的、有时限的）设定目标。您与您的直接上司应共同确定目标、目标完成日期以及衡量目标完成情况的方法。在年中回顾和年末回顾时，请填写针对每个目标所取得的成果。							
目标一：				评语：（目标进度、行动计划执行情况）	评语：	等级：	等级：
行动计划： 1. 2. 3.…						评语：（目标达成情况）	评语：
目标二：				评语：（目标进度、行动计划执行情况）	评语：	等级：	等级：
行动计划：1. 2. 3.…						评语：（目标达成情况）	评语：
目标三：				评语：（目标进度、行动计划执行情况）	评语：	等级：	等级：
行动计划：1. 2. 3.…						评语：（目标达成情况）	评语：
2. 人员发展目标（有下属的管理人员为直接下属制定的发展目标）							
目标一：				评语：（目标进度、行动计划执行情况）	评语：	等级：	等级：
行动计划： 1. 2.						评语：（目标达成情况）	评语：

续表

<table>
<tr><td colspan="10">3. 个人发展目标 – 参考关键绩效行为或专业能力要求列出 1 个或 2 个</td></tr>
<tr><td colspan="3">目标设定：</td><td rowspan="2"></td><td rowspan="2"></td><td rowspan="2"></td><td rowspan="2" colspan="2">评语：（目标进度、行动计划执行情况） 评语：</td><td>等级：</td><td>等级：</td></tr>
<tr><td colspan="3">行动计划：
1.
2.</td><td>评语：（目标达成情况）</td><td>评语：</td></tr>
<tr><td colspan="10">员工自我综合评价：年中、年末综合评价业绩成果表现</td></tr>
<tr><td>年中自评综合等级</td><td></td><td>年中自我评语</td><td colspan="2"></td><td>年末自评综合等级</td><td></td><td>年末自我评语</td><td colspan="2"></td></tr>
<tr><td colspan="10">直接上司综合评价：年中、年末综合评价业绩成果表现</td></tr>
<tr><td>年中上级综合评估等级</td><td></td><td>年中上级评语</td><td colspan="2"></td><td>年末上级综合评估等级</td><td></td><td>年末上级评语</td><td colspan="2"></td></tr>
</table>

上级签名			员工签名	
日期			日期	

☑《关键绩效行为评估表》模板：

关键绩效行为评估表

姓名		现在职位		职位生效日期（年月日）		年中评估日期	
部门		直接上司		加入公司日期（年月日）		年末评估日期	
行为评估指引							
• 阅读每个关键绩效行为所“期望的行为”。认真思考员工在“期望的行为”方面所展现的具体表现情况，以及员工能够改进的地方。 • 在“评语”栏中填写评语，该评语可用来指导您为员工评定等级并向员工提供反馈。 • 根据等级标准来确定等级（请参见下面的关键绩效行为评级指标），并将每个等级填入关键绩效行为“评定等级”部分。							

等级	关键绩效行为等级定义	关键绩效行为评估标准
4 杰出	工作业绩远超预期目标，在业绩方面有杰出贡献。	单项关键绩效行为中没有被评为 1 分或 2 分的项目。
3 良好	工作业绩完成情况良好，能够完成预期任务，有时能够超额完成任务。	5 个关键绩效行为中没有被评为 1 分的项目，但被评为 2 分的关键绩效行为不超过 2 项。

续表

2 需改进	工作业绩未能达标，绩效尚需改进。	5 个关键绩效行为中没有被评为 1 分的项目，但被评为 2 分的关键绩效行为达到 3 项或以上。总分直接计为 2 分。
1 不可接受	工作业绩差，基本工作要求未得到落实。	只要有一个关键绩效行为被评为 1 分的。总分直接为 1 分。

<table>
<tr><th colspan="2" rowspan="2">关键绩效行为</th><th colspan="2">年中评估</th><th colspan="2">年末评估</th></tr>
<tr><th>自评</th><th>上级评定</th><th>自评</th><th>上级评定</th></tr>
<tr><td colspan="2">1. 顾客为导向：能够从顾客服务导向的角度提升业绩结果，努力超出内外部顾客的期望。</td><td rowspan="5">等级：</td><td rowspan="5">等级：</td><td rowspan="5">等级：</td><td rowspan="5">等级：</td></tr>
<tr><td rowspan="4">行为准则</td><td>需求把控：准确把控顾客需求，能够及时响应并解决顾客的问题。</td></tr>
<tr><td>改善服务：不断提升服务质量，友好、专业地对待顾客。</td></tr>
<tr><td>赢得信赖：通过一系列行动营造良好的口碑，赢得客户的认可与信赖。</td></tr>
<tr><td>创造价值：引导客户需求，关心客户成长，不断创造价值，实现双赢局面。</td></tr>
<tr><td colspan="2">2. 目标管理：具备目标管理能力，并为自己或他人取得的绩效结果负责。</td><td rowspan="3">等级：</td><td rowspan="3">等级：</td><td rowspan="3">等级：</td><td rowspan="3">等级：</td></tr>
<tr><td rowspan="2">行为准则</td><td>设定目标：为自己和直接下属设定绩效目标，并以书面形式予以记录。</td></tr>
<tr><td>结果跟进：对于目标应该持续跟进，完成各阶段绩效评估，并进行相应的书面回馈及指导。</td></tr>
</table>

续表

	认同鼓励：对于下属的工作成果应当予以肯定，表现杰出的要予以相应的奖励。				
	绩效改进：对于绩效不良的问题必须及时改进，确保下属得到相应的反馈和指导。				
3. 发展人才：通过有效的人才管理（含自我管理），促进团队成员实现个人发展和绩效发展的一致。		等级：	等级：	等级：	等级：
行为准则	经验分享：主动与公司内部各级人员分享经验、专业知识和资源，帮助他人取得成功。				
	保留淘汰：激励绩效优异者，保留绩效尚可的人员，而对于没有绩效的表现者要做出果断的决定。				
	支持发展：协助并支持团队成员的持续发展，确保下属的发展目标有效执行。				
	选贤择能：人才选拔时不能以私人关系为参考，而是以业绩、个人能力为参考标准。				
4. 团队协助：通过维护公司整体利益和团队合作的基础上追求自身绩效结果的达成。		等级：	等级：	等级：	等级：
行为准则	寻求合作：积极主动寻求合作，而不是设立障碍。				
	服从整体：当面临利益冲突时，要把整体利益放在第一位。				
	执行决定：严格按照上级决策执行。				
	支持调配：当下属在公司内部获得更好的发展机会时，能够积极支持下属的人事变动。				

续表

<table>
<tr><td colspan="6">5. 有效沟通：尊重多样性价值观，通过有效沟通技巧主动促进共识的达成来谋取最佳业务成果。</td><td rowspan="5">等级：</td><td rowspan="5">等级：</td><td rowspan="5">等级：</td><td rowspan="5">等级：</td></tr>
<tr><td rowspan="4">行为准则</td><td colspan="5">积极沟通：当发生矛盾时，要以平等、开放的姿态主动沟通，积极解决问题。</td></tr>
<tr><td colspan="5">直言兼听：以实事为依据，尊重不同的观点，接受合理建议。</td></tr>
<tr><td colspan="5">换位思考：善于站在不同立场考虑问题。</td></tr>
<tr><td colspan="5">分享进度：及时与上、下级分享工作进度。</td></tr>
<tr><td colspan="10"></td></tr>
<tr><td colspan="10">员工自我综合评价：年中、年末综合评价关键绩效行为表现</td></tr>
<tr><td>年中自评综合等级</td><td></td><td>年中自我评语</td><td></td><td>年末自评综合等级</td><td></td><td>年末自我评语</td><td colspan="3"></td></tr>
<tr><td colspan="10">直接上司综合评价：年中、年末综合评价关键绩效行为表现</td></tr>
<tr><td>年中上级综合评估等级</td><td></td><td>年中上级评语</td><td></td><td>年末上级综合评估等级</td><td></td><td>年末上级评语</td><td colspan="3"></td></tr>
</table>

☑《员工绩效汇总表》模板：

员工绩效汇总表

<table>
<tr><td colspan="2">部门</td><td colspan="3"></td><td>年中评估日期</td><td colspan="2"></td><td colspan="3">年末评估日期</td><td colspan="4"></td></tr>
<tr><td colspan="15">总体绩效评估指引</td></tr>
<tr><td colspan="7">绩效总体等级定义</td><td colspan="8">绩效总体评估参考工具</td></tr>
<tr><td colspan="7">4 杰出：取得了远超出职位预期目标的工作成果，始终能够超额完成业绩目标。
3 良好：能够完成业绩目标，有时能够超过职位的预期和既定目标。
2 需改进：绩效完成情况不理想，业绩时有起伏。
1 不可接受：绩效不达标，需要立即改进。</td><td colspan="8"><table>
<tr><td rowspan="2">关键绩效行为（20%）</td><td></td><td colspan="4">工作成果等级（80%）</td></tr>
<tr><td></td><td>杰出</td><td>良好</td><td>需改进</td><td>不可接受</td></tr>
<tr><td></td><td>杰出</td><td>4</td><td>3</td><td>2</td><td>1</td></tr>
<tr><td></td><td>良好</td><td>4</td><td>3</td><td>2</td><td>1</td></tr>
<tr><td></td><td>需改进</td><td>≤4</td><td>≤3</td><td>≤2</td><td>1</td></tr>
<tr><td></td><td>不可接受</td><td>≤3</td><td>≤2</td><td>1</td><td>1</td></tr>
<tr><td colspan="2">综合评定等级</td><td>杰出</td><td>良好</td><td>需改进</td><td>不可接受</td></tr>
</table></td></tr>
<tr><td colspan="15"></td></tr>
<tr><td rowspan="2">序号</td><td rowspan="2">姓名</td><td rowspan="2">职位</td><td rowspan="2">职级</td><td colspan="3">1. 工作成果得分</td><td colspan="6">2. 关键绩效行为得分</td><td rowspan="2">3. 总体绩效等级</td><td rowspan="2">最终校准等级（年中回顾可不填写）</td></tr>
<tr><td>不达标项目（年中回顾可不填写）</td><td>杰出表现工作成果（年中回顾可不填写）</td><td>总分</td><td>顾客为导向</td><td>目标管理</td><td>发展人才</td><td>团队协助</td><td>有效沟通</td><td>总分</td></tr>
<tr><td></td><td></td><td></td><td></td><td></td><td></td><td></td><td></td><td></td><td></td><td></td><td></td><td></td><td></td><td></td></tr>
</table>

续表

部门负责人 签名：		分管领导 签名：	
日　　期：		日　　期：	

2.2 绩效跟踪与辅导

绩效计划实施过程是员工与直属上级共同实现目标的过程。在实施过程中，直属上级与员工应定期就工作进度情况进行回顾、反馈、辅导，根据岗位及管理需求，可按日、周、月、季定期开展，一般每季不少于一次。

绩效定期回顾与评估员工的绩效和发展，对于员工和组织都非常重要，因为它能：

第一，帮助员工认清自身工作表现同目标之间的差距，确保工作重心与经营战略保持一致；

第二，注重员工关键绩效行为的不断提升；

第三，确保员工了解个人能力的发展重点，以提高工作效率；

第四，通过提供关于提升绩效的具体可行的绩效反馈，帮助员工和公司取得更卓越的绩效。

绩效回顾流程如下：

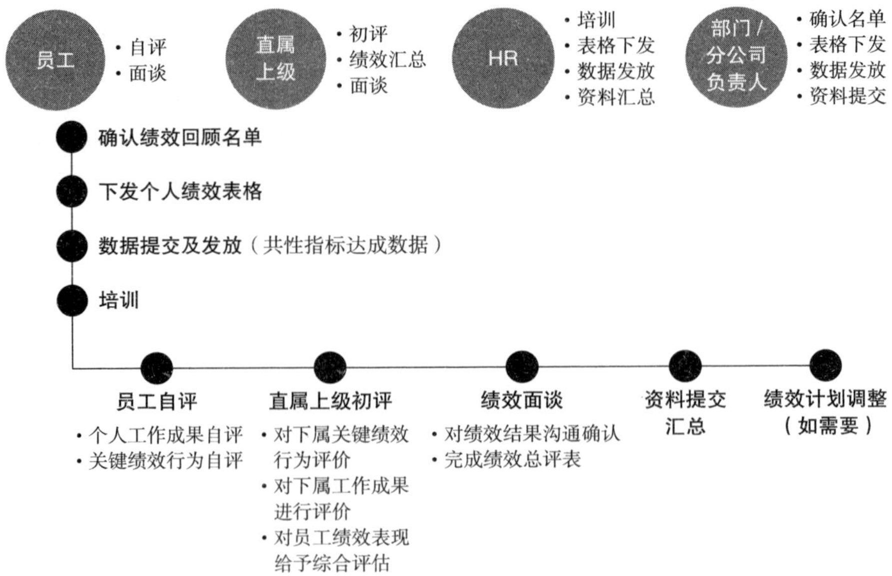

2.3　绩效评价

绩效评估是对员工一年来的工作表现（成果 + 行为）进行客观评价（含排序），促进员工成长。绩效年终评估一般在 12 月—次年 1 月进行。

员工自评。员工根据年初确定的（如有更新按更新后）《个人绩效计划及评估表》，填制每项目标达成情况，并对每项目标进行等级评定，然后，对自己整体工作成果自评综合等级及给予总结评语。

员工需根据每项关键绩效行为在工作中的表现自评等级，并为自己整体关键绩效行为表现自评综合等级及给予总结评语；并考虑工作中完成较好的部分、需改进部分，以及希望获得哪些支持。

直属上级评估。直属上级需对员工自评内容进行分析与判断，并给出工作成果、关键绩效行为的绩效评估（含评语与评分）。考虑与员工一对一面谈时，希望与员工讨论的各个方面，例如员工值得表扬之处、改进机会、发展需求、来年工作目标以及能够为该员工的发展及其职业目标提供哪些支持。

绩效校准会议。绩效校准会是在一个排序群体内，员工的直属上级、以及上级的同事、部门或者分管的负责人一起，通过圆桌会议的形式一同讨论员工业绩成果、关键绩效行为、额外价值体现（非指标设定内的，对公司或团队发展提升有所贡献的）等方面，给予员工最终的评分和排名。由于参会者的不同背景将为评价员工绩效带来了多种视角，从而做出更全面的考虑。也最大程度地避免了评估时出现的标准不一或者是等级夸大的现象。

以下是年末的绩效评估流程：

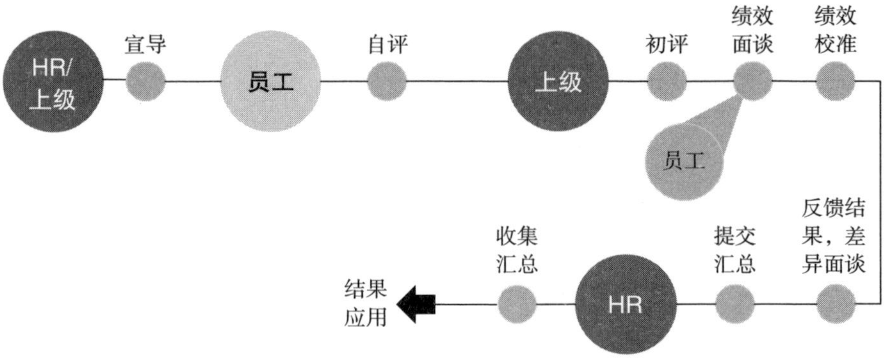

2.4 绩效反馈

绩效反馈是指在绩效辅导、评估过程中或绩效评估后，管理者根据员工的绩效结果进行的反馈与沟通。这里指年终绩效，在员工自评和上司评估后，上司跟下属做年度绩效面谈，重点在于回顾与展望，在做好回顾总结与认同鼓励的同时，及早为下一年的绩效目标设定做好准备工作。

绩效反馈倡导正面反馈：

1. 肯定员工的工作成果及付出的努力；

2. 以结果为导向，以事实为依据；

3. 反馈信息要具体，阐述发生的背景，当时的具体任务以及员工的行为 / 行动方式是什么，最后导致的结果是什么；

4. 分析改善及发展机会点，征求改善措施，并提供支持；

5. 着眼未来，鼓励改善措施对公司带来的价值；

6. 确保反馈及时，表扬与改进意见注重平衡。

☑《员工绩效反馈面谈表》模板：

员工绩效反馈面谈表

员工姓名		所在部门		岗位		考评区间	

1 考核评级结果：[ ]（此栏完成绩效校准会后，由主管填写）

2 绩效反馈（由员工和直属上级沟通后填写）

1. 个人总结（请简述今年取得的成果与不足的地方）（员工填写）	
2. 强项（员工填写）	3. 弱项（员工填写）

续表

4. 改善建议（直属主管填写）	5. 培训发展需要（直属主管填写）

3 签署（签署以表示上述各项已经双方沟通，并对所有内容充分理解和认同）

	员工	直属主管	上一级主管
姓名			
签署日期			

2.5 绩效申诉

为确保绩效考核的质量，确保考核的客观、公平、公正性，绩效管理体系中应建立结果申诉制度，这是完善绩效管理的重要一环。避免个别管理者不公正对待员工的问题，从而在很大程度上减少内部矛盾和冲突。

人力资源部或其他相关部门在接到员工的绩效申诉时，负责申诉处理工作的人员要给予高度重视，分析原因，找出解决办法。值得注意的一点，HR 在处理绩效考核申诉时应最大可能取得申诉人的共识，积极沟通，达成共识后，要申诉人签字备案，作为员工关系处理的证据。

☑《绩效考核结果申诉、复核表》模板：

绩效考核结果申诉、复核表

<table>
<tr><td>被考核人姓名</td><td colspan="2"></td><td>所在部门</td><td></td></tr>
<tr><td>所在岗位</td><td colspan="2"></td><td>考核时间</td><td></td></tr>
<tr><td rowspan="3">原考核结果</td><td>工作目标考核结果</td><td>关键绩效行为考核结果</td><td>分值合计</td><td>绩效等级</td></tr>
<tr><td></td><td></td><td></td><td></td></tr>
<tr><td colspan="4">意见或建议：
部门负责人：
年　月　日</td></tr>
<tr><td>申诉理由和意见</td><td colspan="4">申诉人：
年　月　日</td></tr>
<tr><td>人力资源部和申诉人部门复核结果</td><td colspan="4">签字：
年　月　日</td></tr>
<tr><td>分管领导复核结果</td><td colspan="4">签字：
年　月　日</td></tr>
</table>

2.6 绩效改进

如果员工绩效被评为“需改进”或“不可接受”，用人部门可能会选择制订一个绩效改进计划；而在另一些情况下，亦可能需要立即解除劳动关系，这需要考虑领导改进员工绩效的意愿、以前是否就曾获得较低的绩效评分、员工的职位级别以及业务需求。

绩效改进计划是用于帮助员工将绩效提升到一个可接受水平的短期计划。员工的绩效改进期限一般小于90天，具体时间由员工的职位等级、重复不良绩效的实际情况及其他相关情况而定。绩效改进计划聚焦绩效表现较弱的地方，以结果为导向，协助员工分析机会点和鼓励，并且提供实践机会。

☑《绩效改进沟通表》模板：

绩效改进沟通表

部门： 职位： 姓名： 沟通日期：

绩效计划 （KPI名称/工作目标） （员工填写）	达成情况（含进展） （员工填写）	绩效讨论与分析 （存在问题及分析、或经验分享） （主管填写）
1.		
2.		
3.		
4.		

续表

<table>
<tr><th colspan="3">我们的共识</th></tr>
<tr><td>本期进步之处</td><td colspan="2"></td></tr>
<tr><td>本期需提高之处</td><td>业绩方面：</td><td>能力方面：</td></tr>
<tr><td colspan="2">改进计划：
1.
2.
3.
4.</td><td>培训需求：</td></tr>
</table>

员工签名： 日期： 主管签名： 日期：

第三节 绩效管理常见工具

3.1 目标管理（MBO）

“目标管理”的概念是管理专家彼得·德鲁克（Peter Drucker）1954年在其名著《管理实践》中最先提出的，德鲁克认为，并不是有了工作才有目标，而是有了目标才能确定每个人的工作。MBO考核法属于结果导向型的考评方法之一，简言之，将考核的标准设定为一个目标，把被考核员工在考核期内是否完成了目标作为考核标准。由员工与上级领导共同制定个人目标，依据企业的战略目标及部门目标而确定。

MBO 考核表

序号	事项目标	权重	行动计划	完成情况（考核时员工填写）	绩效评分（主管填写）（70–100分，见下表评估标准）	表现指数绩效评分 × 权重
1						
2						
3						
4						
5						
	合计				最终得分	

续表

评分标准	描述	最终得分
95< 得分≤ 100	工作完成远超过工作目标及计划	
85< 得分≤ 95	工作完成超过工作目标及计划	
得分 =85	工作完成达到工作目标及计划	
75< 得分 <85	工作完成稍低于工作目标及计划	
70< 得分≤ 75	工作完成远低于工作目标及计划	

3.2 关键指标（KPI）

KPI 就是关键绩效指标（Key Performance Indicators），是企业绩效考评中运用最广泛的工具。通过将企业战略目标层层分解，产生可操作的、可量化的关键性指标。KPI 是与企业战略目标保持一致，是对经营结果的衡量。

☑《KPI 绩效考核表》模板：

KPI 绩效考核表

考核期间： 被考核人姓名： 部门： 岗位：						
考核类别	KPI 指标	权重	衡量标准	完成情况	自评分（每项分值 100 分）	领导评分（每项分值 100 分）
工作内容		30%				
		20%				
		10%				
		10%				
		10%				

续表

工作态度		10%				
		10%				
合计（各项评分 * 各权重之和）						
说明：	1. 不合格（0–60 分）中等（61–74 分）良好（75–90 分）优秀（90 分以上） 2. 自评占比 20%，上级领导评价占比 80%					
汇总评分（计算公式：自评分数 *20%+ 领导评分数 *80%）：						
个人自评评语：						
直属领导评语：						
直属领导：			被考核人：			
日期：			日期：			

3.3　目标与关键成果法（OKR）

OKR（Objectives and Key Results）即目标与关键成果法，一套明确和跟踪目标及其完成情况的管理工具和方法。简言之，通过 O（目标）进行拆分出 KR（关键结果），并制订严格的计划，将关键成果分解到具体任务中。通过 PDCA 循环即计划、执行、检查、处理来不断反思总结，提升效果。

OKR 管理的初衷是，将各个团队或成员的指标透明公开，从而影响拉动制定低指标的员工，激励员工愿意设置超出现有能力的挑战性目标。 OKR 的打分不直接应用于绩效考核，OKR 打分主要是用来自我检验。它不是适用所有企业，需要有一定的文化土壤，例如公开透明，追求创新、协作、更快速发展的企业文化，有责任心，有自我实现意愿，自我管理意识的员工，关注员工成长、教练技术较好的管理者。

☑《OKR 计划考核表》模板：

OKR 计划考核表

考核期间：　　　　　　　　　　被考核人姓名：　　　　　　　考核岗位：

序号	目标（O）	权重	分值	关键结果（KRS）	KR 完成情况	自评	上级评	综合
1								
2								
3								
4								
最终得分								
员工自评								
领导评语								
绩效改进建议： 领导 & 员工签字：								

3.4 平衡计分卡（BSC）

平衡计分卡（Balanced Score Card，简称 BSC），指的是将企业的愿景、使命和发展战略与业绩评估系统联系起来，通过四个维度（财务、客户、内部流程、学习与成长）将组织的战略目标落实为可操作的衡量指标和目标值的一种绩效管理体系。

平衡计分卡不仅注重企业的短期利益，同时注重企业长期竞争能力的培养，不仅是绩效管理工具，也是战略管理工具，很好地解决了战略规划与战略实施脱节的问题。

☑《平衡计分卡考核表》模板：

平衡计分卡考核表

维度	主要业绩指标（KPI 项目）	配分（100 分满分）			定义及计算公式	量度标准 / 目标值	评分量化公式或评分细则	全年绩效评核	
		总配分	权重	单项配分				完成情况	绩效评分
财务									
市场 / 客户									

续表

维度	主要业绩指标（KPI 项目）	配分（100 分满分）			定义及计算公式	量度标准 / 目标值	评分量化公式或评分细则	全年绩效评核	
		总配分	权重	单项配分				完成情况	绩效评分
内部管理									
人员学习与发展									

被考核者签名： 直接上级签名：

日期： 日期：

3.5 关键成功因素（KSF）

关键成功因子（Key Successful Factors，KSF），是指决定岗位价值的最有代表性的、最有影响力的关键性指标。将岗位重要职责与企业所需要实现的业绩结果进行归纳，形成具体目标或标准，就是决定岗位价值的关键因子。KSF 直接与员工报酬体系挂钩，关键因子通过与历史数据、市场预判或共识制定激励的平衡点进行对比，分配不同的工资额，实现企业与员工利益驱动。

☑《KSF 绩效考核表》模板：

KSF 绩效考核表

被考核者：　　岗位：　　部门：　　考核区间：

指标名		K1	K2	K3	K4	K5	K6	K7
		转化率	客单价	配合态度	回复率	服务满意度	首次响应时间	平均等待时间
薪资结构	分值							
	权重							
	薪资占比金额							
	平衡点							
	奖励							
	少发							
说明	历史平均数据							
	历史最高数据							
	历史最低数据							
	奖励 / 少发公式							

3.6　360 度评估

360 度评估也称为全方位评估，通过员工的上级、同级别的相关同事、下属、顾客和员工自己等不同主体的反馈来评价员工绩效。其最大的优点是收集的信息比较全面，强化服务意识和团队合作。但缺点也很明显，耗费的时间比较长，投入的人力较多，每个人的评估主观，难以做到真正的客观评价。一般适用于中高层和一些难以量化的服务类岗位。

☑《360 度考核表》模板：

360 度考核表

<table>
<tr><td colspan="2">所在部门</td><td colspan="2"></td><td>职位</td><td colspan="5"></td></tr>
<tr><td colspan="2">被考核者</td><td colspan="2"></td><td>考核周期</td><td colspan="5"></td></tr>
<tr><td colspan="2">关键指标</td><td>分值
（100 分）</td><td>目标</td><td>衡量标准</td><td>自评分</td><td>上级评分</td><td>同级评分</td><td>下级评分</td><td>平均分</td></tr>
<tr><td rowspan="3">工作任务</td><td></td><td></td><td></td><td></td><td></td><td></td><td></td><td></td><td></td></tr>
<tr><td></td><td></td><td></td><td></td><td></td><td></td><td></td><td></td><td></td></tr>
<tr><td></td><td></td><td></td><td></td><td></td><td></td><td></td><td></td><td></td></tr>
<tr><td rowspan="2">工作态度</td><td></td><td></td><td></td><td></td><td></td><td></td><td></td><td></td><td></td></tr>
<tr><td></td><td></td><td></td><td></td><td></td><td></td><td></td><td></td><td></td></tr>
<tr><td colspan="2">总分</td><td colspan="3"></td><td></td><td></td><td></td><td></td><td></td></tr>
</table>

<table>
<tr><td rowspan="2">确认签字</td><td>被考核者及日期</td><td></td></tr>
<tr><td>考核者及日期</td><td></td></tr>
</table>

第五章　薪酬管理操作指南

第一节 | 薪酬管理制度

1.1　薪酬管理概述

所谓薪酬管理，是指在企业战略指导下，对员工的服务确定支付的薪酬原则、薪酬形式、薪酬结构以及薪酬水平的动态管理过程。一般而言，薪酬管理包括薪酬体系设计、薪酬日常管理两方面内容。

组织进行薪酬管理活动时，需要进行四个方面的决策：

1. 薪酬体系决策。确定员工基本薪酬的基础。现在通用的薪酬体系主要有三种，即职位薪酬体系、技能薪酬体系以及能力薪酬体系。职位薪酬体系以工作和职位为基础的薪酬体系，技能和能力薪酬体系以自身技能和综合素质为基础的薪酬体系。

2. 薪酬结构决策。我们很容易混淆薪酬结构和薪酬构成这两个概念。薪酬构成通常理解为薪酬体系中包含的薪酬项目，例如岗位工资、绩效工资、工龄工资、津贴、奖金等。薪酬结构是指同一组织中有多少薪酬等级以及两个薪酬等级之间的水平差距，即我们常说的几个薪酬序列、层级及等级。

3. 薪酬水平决策。薪酬水平一般指不同职位、部门和组织的平均薪酬水平。它反映了企业的外部竞争性。

4. 薪酬管理政策决策。涉及薪酬成本、预算控制、薪酬规定和员工薪酬保密等问题。薪酬保密政策被很多企业写进员工手册中，谈论薪酬被视为违纪行为，借此杜绝职场谣言，消除相互比较带来的抱怨和不满。

1.2　薪酬管理制度范本

☑《薪酬管理规定》模板：

薪酬管理规定

1. 目的

为规范公司的薪酬管理，需要建立符合公司长期发展战略要求的薪酬管理制度。在符合国家和政府相关劳动政策法规的前提下，参照本地区及行业薪酬的市场水平，结合本公司实际，制定本规定。

2. 适用范围

适用于公司及其下属各分公司全职员工的薪酬确定、核算、调薪、发放等管理工作。

3. 术语、定义及缩写

3.1　薪酬是指员工作为雇佣关系中的一方所得到的各种货币收入，以及各种具体的服务和福利之和。

3.2　工资是指企业在一定时间内直接支付给员工的劳动报酬。

4. 制度涉及部门及职责

4.1　责任部门

人力资源部负责薪酬方案的设计、工资调整，确定，核算等管理工作。

分公司人力资源处负责根据公司人力资源部制订的薪酬方案核算工资，参与工资调整等工作。

4.2 协助部门

公司各部门协助提供与薪酬相关的资料。

财务部门负责银行转账或现金发放工资。

5. 管理要求

5.1 管理原则

5.1.1 合法性原则

5.1.2 公平性原则

5.1.3 竞争性原则

5.1.4 激励性原则

5.1.5 经济性原则

5.2 薪酬系统及计算标准

5.2.1 公司薪酬制度分为职能及业务两大体系。

5.2.2 工资组成

➢ 公司员工工资收入包括岗位工资、职务工资、绩效奖金、加班工资、其他津、补贴（如通信津贴、外派补贴）等。

➢ 职能部门人员的工资由 60% 岗位工资 +20% 职务工资 +20% 绩效奖金组成。

➢ 业务部门管理人员的工资由 50% 岗位工资 +20% 职务补贴 +30% 绩效奖金组成。其他业务人员的工资由底薪、提成、奖金组成。

5.2.3 工资计算

➢ 日工资 = 标准工资（不含年终奖）÷ 21.75 天，标准小时工资 = 日工资 /8 小时

➢ 工资和考勤计算周期为上月的 1 日至上月最后一日。

➢ 员工入职的第一个月或离职的当月其工资按实际工作日计算，即

$$当月工资 = \frac{标准工资}{当月实际工作日天数} \times 员工当月实际出勤工作日数$$

➢ 员工试用期满，按转正审批流程确定薪酬，并在当月工资中按转正天数折算后发放。

➢ 员工在正常工作时间外，因工作需要经批准加班的，其加班可计发加班工资或补休，具体方式须在加班之前确认，以便核算加班工资或补休天数。

员工加班申请程序及加班规定，参考公司《考勤管理规定》执行。员工因工作需要经批准加班，且无法安排补休的，按国家有关政策计发加班工资。

➢ 员工因具体工作或岗位的需要并经申请审批的津、补贴，在月度或季度或年度薪酬中以固定项目和标准计发。

➢ 员工旷工并经本部门及人力资源部门确认的，根据旷工天数按日扣除。

➢ 员工因私事需要请假的，事假为无薪假，工资按日扣除。

➢ 员工因病请假时，根据政策法规和在公司服务的工作年限享受相应病假待遇。

➢ 员工依法享受年假、婚假、丧假、产假、看护假等时，将按相关劳动政策法规规定的标准计算薪酬。

➢ 员工因调动、辞职（退）离开本公司的，按当月实际工作日折算发放。

➢ 员工自动离职者因未妥善移交工作，给公司造成一定损失，不予结算工资。公司保留通过法律途径解决的权利。

5.2.4　工资代扣项目

➢ 当月薪金收入所得应缴纳的个人收入所得税。

➢ 员工个人须承担的社会保险费。

➢ 员工个人须承担的住房公积金费。

➢ 法院判决、裁定代扣的“三费”及约定应当代扣的其他款项。

➢ 按劳动合同或其附加合同或协议所应扣除的费用。

➢ 个人应支付的其他费用。

5.2.5 工资调整

➢ 工资将因员工岗（职）位调动及晋升、降职、绩效考评、市场同类职位薪金、公司的经营状况或其他特殊情况进行调整。

➢ 原则上，公司每年在上半年进行职能岗位员工调薪，下半年进行业务岗位员工调薪。

➢ 各部门负责人可根据员工年度绩效评估情况提出调整员工工资申请，并填写《人事变动审批表》，交人力资源部门办理。

➢ 人力资源部门将审核员工新的薪资水平，并提出意见或建议。

➢ 根据人力资源管理授权体系，总部部门 / 区域副经理级及以上人员的工资调整需呈公司分管总裁 / 副总裁审批。区域其他人员的工资调整由各分公司负责人审批，报公司人力资源部备案。

➢《人事变动审批表》审批完结后，人力资源部门将根据新工资生效时间调整员工工资，并在相应月份工资中发放。

5.2.6 工资支付

➢ 公司以货币形式按月支付员工工资，并于每月 10 日以银行划账方式支付。如遇节假日或休息日，发薪日期可以提前或顺延。

➢ 人力资源部门每月核算工资完结后，向员工（除离职人员）发放工资条，列明应发工资项目及金额，代扣、代缴、扣除项目和数额，实发工资数额。工资条一式两份，一份发给员工，一份留人力资源部门备案。

5.2.7 公司对薪酬实行保密制度

➢ 工资信息属于个人私事和公司秘密，任何个人不可打探或告知他人薪酬情况，也不可以在任何场合议论或向外部透露员工薪酬情况。

➢ 员工如对本人薪酬存疑的，可以直接向部门负责人或人力资源部门询问，违反此规定的将受到纪律处分直至解聘。

5.3　薪酬的确认及发放

➢ 员工的薪酬级别由各部门负责人建议，人力资源部门审核，分管总裁 / 副总裁审批。

➢ 确定员工月工资的主要依据是担任职位、工作经验、在公司的服务年限、职责范围和个人表现等。

➢ 确定员工年度奖金的依据是年度绩效考核成绩及公司年度利润目标完成情况等。

➢ 月工资在做各种必要扣除后按月发放。

季度、年终等各项奖金于季度、年终绩效考核后发放，发放日在册人员享有，离职人员不享有。

5.4　附则

➢ 此制度适用于与公司签订劳动合同、劳务协议、退休返聘协议的人员。

➢ 定期与不定期评估与调整机制。

定期：每年一次，在每年底结合对当年薪酬体系的实施效果的调查和对外部物价水平、工资水平变化的预测，经系统分析评估后，调整下一年度的薪酬体系。

不定期：根据公司实际发展的需要或其他因素影响的实际需要，可在年内对薪酬体系进行必要的评估与调整。

1.3 薪资计发流程

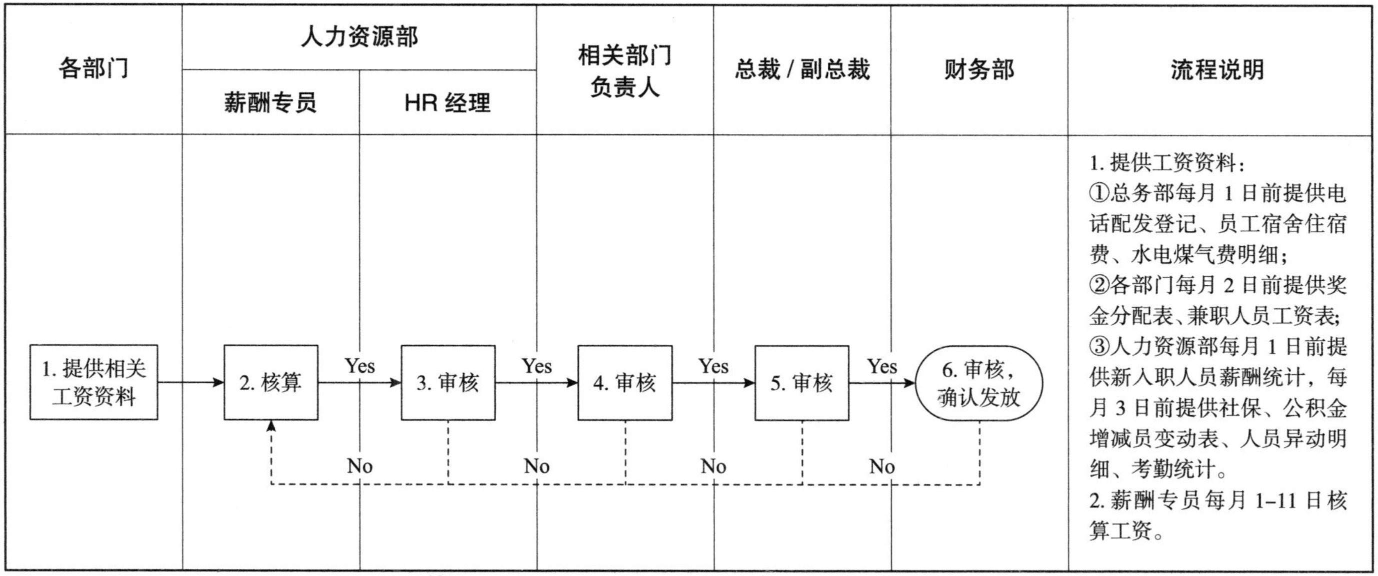
各部门
人力资源部
薪酬专员
HR 经理
相关部门负责人
总裁 / 副总裁
财务部
流程说明
1. 提供相关工资资料
2. 核算
Yes
3. 审核
Yes
4. 审核
Yes
5. 审核
Yes
6. 审核，确认发放
No
No
No
No
1. 提供工资资料：
①总务部每月 1 日前提供电话配发登记、员工宿舍住宿费、水电煤气费明细；
②各部门每月 2 日前提供奖金分配表、兼职人员工资表；
③人力资源部每月 1 日前提供新入职人员薪酬统计，每月 3 日前提供社保、公积金增减员变动表、人员异动明细、考勤统计。
2. 薪酬专员每月 1–11 日核算工资。

1.4 薪资计发工具表

☑ 用于每月给员工计发工资的《工资明细表》模板：

工资明细表

月份	姓名	部门	岗位名称	职级	学历	财务预算单位	性别	身份证号码	银行账号	入职日期	离职日期	任职状态	岗位工资	绩效工资	话费补贴	外派补贴	其他补贴	加班工资	提成	继续教育补贴	奖金	其他增加项	其他扣减项	应发工资	扣社保费	扣公积金	个税计税金额	扣个税	扣住宿费	扣水电煤气费	扣预存话费	代扣其他费用	实发工资	社保（公司）	公积金（公司）

续表

月份	姓名	部门	岗位名称	职级	学历	财务预算单位	性别	身份证号码	银行账号	入职日期	离职日期	任职状态	岗位工资	绩效工资	话费补贴	外派补贴	其他补贴	加班工资	提成	继续教育补贴	奖金	其他增加项	其他扣减项	应发工资	扣社保费	扣公积金	个税计税金额	扣个税	扣住宿费	扣水电煤气费	扣预存话费	代扣其他费用	实发工资	社保（公司）	公积金（公司）

☑ 以部门为单位统计每月的工资成本的《月工资项目汇总表》模板：

用途：工资表审批，由相关人士签名确认后存档，以确保工资表的唯一性。

2021 年月工资项目汇总表

月份	部门	发薪人数	岗位工资	绩效工资	话费补贴	外派补贴	其他补贴	加班工资	提成	继续教育补贴	奖金	评优奖金	补发工资差额	其他增加项	其他扣减项	应发工资	扣社保费	扣公积金	个税计税金额	扣个税	扣住宿费	扣水电煤气费	扣预存话费	代扣其他费用	实发工资	社保（公司）	公积金（公司）
01																											
02																											
03																											
04																											
05																											
06																											
07																											

续表

月份	部门	发薪人数	岗位工资	绩效工资	话费补贴	外派补贴	其他补贴	加班工资	提成	继续教育补贴	奖金	评优奖金	补发工资差额	其他增加项	其他扣减项	应发工资	扣社保费	扣公积金	个税计税金额	扣个税	扣住宿费	扣水电煤气费	扣预存话费	代扣其他费用	实发工资	社保（公司）	公积金（公司）
08																											
09																											
10																											
11																											
12																											
合计																											

☑ 以预算单位为归属的人力成本统计的《人力成本表》模板：

用途：提供财务入账。

人力成本表

发薪管理归属	预算归属	单位区域	月份	类别	财务预算单位	发薪人数	应发工资	代缴社保费	代缴公积金	实发工资	单位支付社保	单位支付公积金	跨单位分摊	成本合计

☑《月人力编制预算对比表》模板：

用途：每月实际人力成本与预算对比，用于警示预算完成情况。

____月人力编制预算对比表

发薪单位（单位主体）	分公司/总部部门	分公司的部门	人数				应发工资				单位社保				单位公积金				合计			
			预算	实际	差异	预算完成率	预算	实际	差异	预算完成率	预算	实际	差异	预算完成率	预算	实际	差异	预算完成率	预算	实际	差异	预算完成率
原因分析																						

☑《员工社保信息》模板：

用途：提供《工资明细表》内所需基础数据。

员工社保信息

序号	部门	岗位名称	姓名	性别	身份证	财务预算单位	增员生效日期（年月）	户口性质	社保号	养老保险缴费基数	工伤保险缴费基数	失业保险缴费基数	医疗保险缴费基数	重大疾病保险缴费基数	生育保险缴费基数	单位养老	单位医疗	单位重大疾病	单位工伤	单位失业	单位生育	单位小计	个人养老	个人医疗	个人失业	个人小计	合计	备注	任职状态	发薪单位（单位主体）
1																														
2																														
3																														
4																														
5																														
6																														
7																														
8																														
9																														
10																														
11																														
12																														

☑《员工公积金信息》模板：

用途：提供《工资明细表》内所需基础数据。

员工公积金信息

序号	部门	岗位名称	姓名	性别	身份证号	财务预算单位	增员生效日期（年月）	缴交基数	单位支付比例	单位支付公积金	个人支付比例	个人支付公积金	小计	备注	任职状态	发薪单位（单位主体）
1																
2																
3																
4																
5																
6																
7																
8																
9																
10																
11																
12																
13																
14																
15																

续表

序号	部门	岗位名称	姓名	性别	身份证号	财务预算单位	增员生效日期（年月）	缴交基数	单位支付比例	单位支付公积金	个人支付比例	个人支付公积金	小计	备注	任职状态	发薪单位（单位主体）
16																
17																
18																
19																
20																
21																
22																
23																
24																
25																

☑《入职人员汇总》模板：

用途：提供《工资明细表》内所需基础数据。

____月入职人员汇总

月份	状态	公司	部门	职位	姓名	入职日期	试用期	社保增员	公积金增员	备注说明

续表

月份	状态	公司	部门	职位	姓名	入职日期	试用期	社保增员	公积金增员	备注说明

☑《离职人员汇总》模板：

用途：提供《工资明细表》内所需基础数据。

____离职人员汇总

月份	状态	公司	部门	职位	姓名	入职日期	离职日期	社保减员	备注说明

☑《转正人员汇总》模板：

用途：提供《工资明细表》内所需基础数据。

____月转正人员汇总

月份	状态	公司	部门	职位	姓名	入职日期	转正日期	转正工资	备注说明

☑《调岗/晋升人员汇总》模板：

用途：提供《工资明细表》内所需基础数据。

____月调岗 / 晋升人员汇总

月份	状态	公司	部门	姓名	入职日期	新职位	新职位工资	生效日期	备注说明

☑《考勤统计表》模板：

用途：提供《工资明细表》内所需基础数据。

考勤统计

部门	姓名	上月余假		本月考勤										本月余假		备注
		剩余年假（天）	余假（天）	本月应出勤（天）	本月例休（天）	实际出勤天数（天）	迟到（次）	漏打卡（次）	加班（天）	正常休假（天）	补休（天）	婚假（天）	休年假（天）	剩余年假（天）	余假（天）	

第二节 ▎员工福利管理

2.1 员工福利管理种类

员工获得的报酬，一般包括薪酬和福利两部分。员工福利一般被分为法定福利和非法定福利两大类。法定福利是指法律规定的、具有强制性的福利。主要有五险一金（养老保险、失业保险、医疗保险、工伤保险、生育保险、住房公积金）、带薪年休假、法定假期（法定节假日、婚丧假、产假、陪护假等）、高温补贴等。非法定福利是企业在法律规定以外，为吸引和保留员工而额外提供的福利项目。企业常见的非法定福利有：五险一金以外的商业保险、定期体检、旅游、生日会、结婚礼品、节日礼品、餐费补贴、交通补贴、电话补贴、健身卡、健康讲座等。

☑《公司员工福利一览表》模板：

公司员工福利一览表

类别	项目/标准	适用对象	标准				是否需要审核	发放形式
			总监级	经理级	主管级	普通员工		
法定福利	社保	在职的全职员工	养老、医疗、工伤、失业、生育、重疾。				否	个人部分公司代缴代扣
	公积金	在职的全职员工	按政策购买。				否	个人部分公司代缴代扣
法定节假日及假期	年假	工龄满一年的员工	1 年 <= 累计工龄 <10 年的，年休假 5 天；10 年 <= 累计工龄 <20 年的，年休假 10 天；累计工龄 >=20 年的，年休假 15 天。				是	考勤中体现
	法定节假日	在职的全职员工	11 天（元旦 1 天、春节 3 天、清明 1 天、劳动节 1 天、端午节 1 天、中秋节 1 天、国庆节 3 天）。				否	考勤中体现
	婚假	入职后结婚登记的全职员工	婚假 3 天，连续的自然天。				是	凭证明休假
	产假①	符合国家生育政策的全职女员工	女员工生育享受 98 天产假，其中产前可以休假 15 天；难产的，增加产假 15 天；生育多胞胎的，每多生育 1 个婴儿，增加产假 15 天。怀孕未满 4 个月流产的，享受 15 天产假；怀孕满 4 个月流产的，享受 42 天产假。				是	凭证明休假
	陪产假	取得相关证明的全职男员工	15 天护理假，连续的自然天。				是	凭证明休假
	丧假	取得相关证明的全职员工	直系亲属 3 天，亲兄弟姐妹 1 天（需到外地料理丧事的，根据路程远近审批 1–3 天路程假）。				是	凭证明休假

① 表中列出的产假天数为《女职工劳动保护特别规定》中国家的基础性规定，而各地人口与计划生育条例根据当地情况，具体规定的产假天数各有不同。

续表

类别	项目/标准	适用对象	标准				是否需要审核	发放形式
			总监级	经理级	主管级	普通员工		
补充医疗保险	团体补充医疗保险	转正后全职员工，自愿购买；其中子女、配偶的费用员工承担100%	568元/年				是	员工承担50% 外派人员公司100%承担
节日礼金及慰问金	开工利是	节后第一天出勤的全职员工	100元/人				否	开门利是
	三八妇女节	在职的全职女员工	20元/人				否	由公司或分公司统一购买礼物
	中秋节	在职的全职员工	100元/人				否	饼券或其他形式
	生育礼金	符合国家生育政策的全职女员工	200元/人				是	上门慰问
	因病住院	因病住院的全职员工	200元/人				是	上门慰问
	生日	在职的全职员工	30元/人				否	由公司或分公司统一采购礼品
	员工直属亲属去世（父母/配偶/子女）	在职的全职员工	200元/人				是	上门慰问、吊唁

续表

类别	项目/标准	适用对象	标准				是否需要审核	发放形式
			总监级	经理级	主管级	普通员工		
公司特色福利	互助基金	在职的全职员工（自愿参与）	员工承担：60 元/年/份，公司员工承担相同份数。 领取标准：按互助基金相关管理规定执行。				是	工资中扣除（员工/公司各承担相同份数）
	活动经费	在职的全职员工	75 元/人/月				否	部门自主组织活动报销
	年度体检	本公司连续工作时间满九个月的全职员工	200 元/人				否	公司或分公司统一安排体检
	免息购房贷款	在公司工作时间满三年以上的符合条件的骨干员工	20–40 万元	15–20 万元	6–10 万元	4–6 万元	是	公司一次性转账，每月在工资中扣除还款额
	临时住宿	有需要的外地员工提供短期的住宿安排	公司向有需要的新入职的外地员工提供短期的住宿安排。				是	公司或分公司统一安排
	办理集体户口	符合入户政策的全职员工	协助员工申请入户指标及相关入户手续，但档案管理费用由员工自行承担。				是	公司协助员工办理

2.2　员工福利管理制度范本

☑《福利制度》模板：

福利制度

1. 目的

为实现公司长期的战略发展目标，也为营造优秀的企业文化奠定必要的物质基础，必须为员工提供完善的具有市场吸引力的涉及工作和生活方面的福利制度。

2. 适用范围

适用于公司及其下属各分公司在职全职员工的福利项目。

3. 术语、定义及缩写

骨干员工即指最近两次绩效考核（年度）均不低于 B+ 等级的主管级及以上员工。

4. 制度涉及部门及职责

4.1　责任部门

公司人力资源部负责对本规定内容进行解释、修订；各分公司人力资源处负责执行本规定。

4.2　协助部门

公司各部门各分公司

5. 管理要求

5.1　管理原则

公平、公正、公开

5.2　管理内容

5.2.1　社会保险：公司按照国家和地方有关社会保险的规定为员工办理各项社会保险。

5.2.2　住房公积金：公司和员工各自按员工本人上一年度月平均收入，按照一定的比例缴纳住房公积金，员工也可以申请增加其个人应缴纳比例。

5.2.3　团体补充医疗保险

为保护员工的切身利益，公司为员工投团体补充医疗保险。员工可以在转正后自愿购买公司提供的团体补充医疗保险，保险的项目包括：疾病身故、意外伤害、住院医疗、门诊医疗、住院津贴、重大疾病、公共保障。员工的子女与配偶也可以自愿申请参加团体补充医疗保险。

公司与员工共同承担商业保险费，员工的子女与配偶参加团体补充医疗保险的费用每年根据保险公司定价而确定，全部费用由员工全部承担，员工应当缴纳的费用，由公司从员工的工资中代扣代缴。

详细保险内容参照《团体综合医疗保险计划》。

5.2.4 假期

员工可享有法定节假日、年休假、婚假、产假、看护假、病假、丧假、事假等假期，详细内容请参考《公司考勤制度》。

5.2.5 免费身体检查：在本公司连续工作时间满九个月的员工，享受公司提供一年一次的免费身体健康系统检查。

5.2.6 员工购房无息借款

在公司工作时间满三年以上的骨干员工（分层级享受福利待遇），公司具有审批决定权。

借款人必须保证该无息借款用于其购买首套商品房，且房产所在地必须为现在工作所在地。所购房产需在现在工作所在地房地产交易公司登记备案（不可转移产权及购买风险较高的房产包括但不限于购买他人小产权房、农业用地建房、宅基地自建房屋及集资房不在本计划范围内，集资房包括但不限于员工配偶或其家庭成员的所在单位向其本单位员工及家属筹措资金开发的房产）。

首套住房是指员工本人或配偶在现在工作所在地内唯一住房（非别墅）。不包括员工为改善居住条件而出售现有住房后再购买新的住房。如员工目前已经在月供首套房，公司可以接受其申请，但原则上优先保障拟购首套房的员工需求。

申请借款的额度：

1. 业务部门主管级（含副主管、主管）：4—8 万元；

2. 经理级（含副经理、经理、高级经理：10—20 万元；

3. 总监级（含副总监、总监、高级总监）：20—40 万元。

如员工在借款后职级产生变动，借款额度仍按原借款时的职级执行，不再进行调整。申请时不得超额度上线，但可低于额度下线。

详细内容请参考《员工购房无息借款计划书》。

5.2.7 外派人员相关福利管理制度

外派人员通常是指由公司派往原工作地省级以外地区并签订外派协议的人员。

公司不改变外派人员原相关福利待遇（购社保、住房公积金等国家法定福利待遇）；对于职务有晋升的员工，给与新岗位职务相对应的标准工资的20%作为每月外派补贴，并将此标准工资和外派补贴作为保底工资计算。对于职务保持不变的员工，给与外派前12个月的月均收入（不含年终奖）的20%作为每月外派补贴，并将此月均收入和外派补贴作为保底工资计算。如外派地的城市生活指数高于原工作地的，另加城市系数。另外，公司给予外派人员一次性外派安置补贴500元/人（工资中发放），用于购买生活必备品。

详细内容请参考《外派人员相关福利管理制度》。

5.2.8 旅游补贴（活动经费）：

➢ 定期发放部门活动经费或不定期组织1—2天的短途旅游。

➢ 员工按每人每月75元的标准发放部门活动经费。

➢ 每年至少一次组织3—6天的长途旅游，转正后员工由公司补贴个人旅游费用。

1）入职时间超过一年的员工，补贴1500元（实际旅游费不足1500元的，按实补贴，不作旅游的其他消费使用，不发现金）。

2）入职时间不满一年的转正后员工，享受旅游费用补贴从入职时算起，以每月补贴100元计算。入职当月不满15天时间，则当月不计算补贴。

3）旅游费补贴不能提前或延至下次享受；退休返聘的员工确因身体原因无法参加该次长途旅游，可按标准发50%的旅游费。

5.2.9 拓展培训和进修项目：全体员工享受公司组织的各类培训和进

修项目，并为符合条件的员工提供定额的培训补贴。

5.2.10 住宿安排：为有需要的外地员工提供短期的住宿安排。

5.2.11 集体户口：协助有需要及符合入户条件的优秀员工申请入户。

5.2.12 员工俱乐部，由公司赞助成立，并组织各种文娱体育活动。

5.2.13 员工互助基金，由公司牵头发起，员工自愿参加，用以扶危济困。

5.2.14 其他福利：

➢ 员工结婚（加入本公司工作后领取结婚证，凭结婚证复印件），发放价值 300 元的贺金。

➢ 女员工生小孩（符合国家计生政策，凭生育证明复印件），发放价值约 200 元的慰问品。

➢ 员工因病住院治疗的，发放价值约 200 元的慰问品。

➢ 员工本人父母、配偶、子女去世，以公司名义敬送悼念花圈（或帛金 200 元）。

➢ 员工生日当月，公司统一发放生日贺卡与礼物（价值 30 元）。

➢ 端午及中秋节，公司统一发放节日礼品。

本制度于 2021 年 9 月 1 日正式生效。

2.3 考勤管理

☑《考勤管理规定》模板：

考勤管理规定

1. 目的

为进一步规范考勤管理工作，加强公司内部管理，提高员工遵章守法的自觉性，特制定本制度。

2. 适用范围

适用于公司及其下属单位、关联公司的考勤解释、执行及备案。

3. 术语、定义及缩写

无。

4. 制度涉及部门及职责

4.1　责任部门

人力资源部门负责对考勤的解释、审核、审核及备案。

4.2　协助部门

各部门负责员工考勤的审核、审批及特殊情况的上报。

5. 管理要求

5.1　管理原则

遵循规定合法、制度公平、标准清晰、管理授权的原则。

5.2　工作时间

➢ 实行每周 40 工时的五天工作制。上班时间：上午 9：00—12：00；下午 13：30—18：00。

➢ 在公司的例休日，视工作需要，安排人员值班。

➢ 当月例休天数 = 该月星期一天数 ×2。

➢ 部分特殊人员例休天数以合同约定为准。

5.3　请（休）假的规定

各部门应在不影响工作正常进行的前提下合理安排员工的各种休假，做到灵活、分散休假，不堆积假期。

请（休）假须按规定程序办理，在请（休）假期间，如确因急事需延长假期，应及时向部门负责人及人力资源部 / 处办理续假手续。

5.3.1　周休息日：2 天。在病假、事假、产休等休假期间，不补周休息日。

5.3.2 法定节假日：元旦 1 天，春节 3 天，清明节 1 天，劳动节 1 天，端午节 1 天，中秋节 1 天，国庆节 3 天，共 11 天；全体公民的法定假日，适逢周例休日，在工作日补假；部分公民的假日，适逢周例休日，则不补假（如“三八”妇女节、“五四”青年节放假半天）。

5.3.3 带薪年假

根据国务院颁布的《职工带薪年休假条例》的规定，全职员工在公司工作满一年后，按照其全部累计工龄计算年休假的天数。

序号	累计工龄（年）	年休假（天）
1	1 ≤累计工龄＜ 10	5
2	10 ≤累计工龄＜ 20	10
3	累计工龄≥ 20	15

（目前按公司原年假制度享受的天数超过国务院条例规定的，不做扣减亦不再增加，通过服务年限的增加逐步调整一致）。

➢ 计算方法以截至当年 12 月 31 日时该员工有效服务时间（扣除未服务满一年的月数）乘以按工龄全年应享受年假天数得出。

例如，员工张三大学毕业工作至今已有 11 年工龄，2009 年 5 月 12 日进入公司工作。则张三 2010 年可休的年假计算如下：至 2010 年 5 月 12 日，张三在公司服务满一年，可以开始享受年假。当年的有效服务时间为 7.5 个月（5 月至 12 月，15 日之前入职的按半个月计算，16 日及以后入职的从下个月计算），按张三的工龄共 11 年所对应的年假 10 天计算，2010 年张三可以享受的年假为：10 *（7.5/12）=6.25 天，按四舍五入的原则，张三实际可享受 6 天的年假。如张三在 10 月希望享受全部 6 天的年假，则 10 月至 12 月 2 天的年假先以负假的形式计算（因为 5 至 10 月张三实际服务了 5.5 个月）。

➢ 若员工已享受备课假和福利假，则不享受年假。

➢ 当年的带薪年假，在次年3月31日前休完，逾期作废；因工作不能连续休年假的，应分散时间安排年假。公司可根据业务开展的实际情况统一安排员工休年假。

➢ 下述情况当年不享受年假：员工累计工作满1年不满10年，请病假累计满2个月的；员工累计工作满10年不满20年，请病假累计满3个月的；员工累计工作满20年，请病假累计满4个月的；员工请事假累计满1个月的。如休年假后，病、事假累计达上述规定，则下一年不享受年假。如有跨年度休病、事假的，合并至下一年度计算。

➢ 休带薪年假时，如遇正常例休或法定节日，则顺延相应天数。

➢ 兼职员工或实习生只能从其转为正式员工时起开始计算其应享有的假期。

5.3.4 婚假

➢ 员工入职后登记结婚的，凭结婚证可享受婚假3天。婚假需提前15天书面申请，婚假需在领取结婚证后3个月内休完。

5.3.5 丧假

➢ 员工的直系亲属（如父母、配偶、子女）去世，凭医院死亡证明，可给予3天丧假。

➢ 员工配偶的父母去世凭死亡证明可酌情给予3天丧假。

➢ 员工亲兄弟姐妹、祖父母去世凭死亡证明可酌情给予1天丧假。

5.3.6 病假

➢ 界定病假和享受病假津贴，须提供本市医疗机构签发的疾病证明暨病假建议书、病历原件、医疗收据，经审核属实，方认可病假和享受病假津贴。

➢ 病假津贴：

在本公司的连续工龄	病假津贴（日工资）	奖金
一、2 年以下	60%	按病假的天数扣发奖金
二、2 年以上，4 年以内	70%	
三、4 年以上，6 年以内	80%	
四、6 年以上，8 年以内	90%	
五、8 年以上	100%	
说明：计算结果病假工资低于本市最低工资标准的 80%，则按最低工资标准的 80% 发给。		

5.3.7　事假

➢ 填写请（休）假申请表，按规定的程序办理审批。

➢ 按事假天数不予计发工资及奖金。

5.3.8　计划生育与假期

➢ 全体员工要认真贯彻执行我国生育的基本政策。

➢ 符合计生政策的正式女员工，可享受生育假期和待遇。

A、怀孕第十二周前书面报告人力资源部 / 处。

B、怀孕 7 个月以上（含 7 个月）不加班工作，不从事夜班劳动（夜班劳动是指当日 22：00 至次日 6：00），每天工间休息 1 小时（不等同迟到或早退 1 小时）。

C、怀孕 6 个月及以后的定期产前检查，每次给予半天休息时间。

D、凭医院的分娩证明申请产休假，按有关规定享受生育津贴。

E、产假包括所有法定假、公休日在内，不享受任何福利性假期。

F、哺乳期不加班工作，不从事夜班劳动（夜班劳动是指当日 22：00 至次日 6：00），按规定享受哺乳时间。

➢ 男员工妻子分娩，男员工凭医院证明可享受 15 天护理假。

5.4 迟到

员工迟到根据迟到时间进行处理。迟到半小时以内，每次以事假半小时处理；迟到半小时（含）以上，1小时以内，每次以事假1小时处理。

5.5 旷工

未经同意或未按规定程序办理请假手续而未正常上班的员工视为旷工；员工无正当理由经常旷工，经批评教育无效，连续旷工时间超过3天，或者一年以内累计旷工时间超过5天的，属严重违反公司规章制度的行为，劳动合同即时自动解除。

5.6 考勤管理

5.6.1 关于考勤打卡的填写及监管流程：

➢ 公司采用考勤系统考勤，员工每天早上上班及下午下班各打卡一次，上午下班及下午上班无须打卡。因个人疏忽未正确记录出勤时间的，由个人自行承担相关责任。

➢ 每月3日，人力资源部/处将考勤信息导出，各员工初步核对并统计个人考勤，经部门负责人签字后，于8日前将《考勤登记确认表》提交至人力资源部/处。员工如对信息有异议，例如休假、上下班漏打卡等情况，通过办公系统考勤审批。

➢ 正（副）经理级员工，在打卡的情况下，可根据部门工作需要，征得直接上级或分管总裁同意后，灵活安排上、下班时间，实际出勤时数不得低于正常工作日出勤时数。若不足该出勤时数，根据普通员工考勤规则计算余负假。

➢ 总监级及以上员工可根据工作需要灵活安排上下班时间。

5.6.2 关于请（休）假审批程序

➢ 流程图

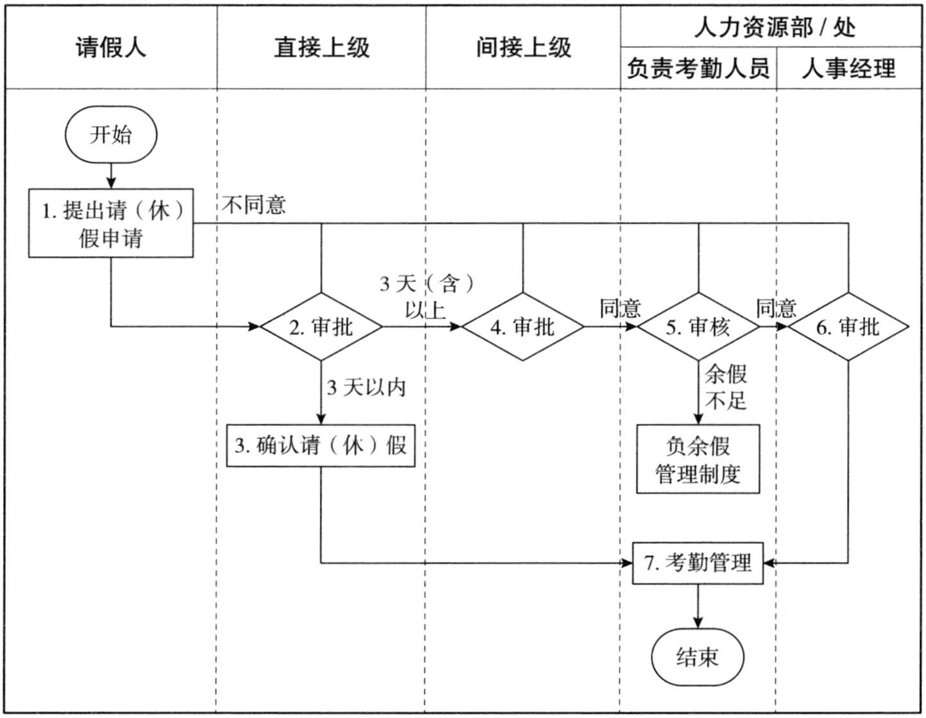

说明：1. 部门负责人请（休）假：由其上司或分管总裁审批。
2. 病假需提供病历、病假单、交费发票等。
3. 若请（休）假到期因事未回，须提前与直接上级及人力资源部联系延长假期，否则一律视同为旷工。

➢ 其他说明

A、请（休）假天数含例休日，但不含法定假日。

B、病假需同时提供区（县）级以上医院病历、病假单、医药费票据等。

C、关于请（休）假的审批建议采用责任到位，主要由部门负责人实施监督。

D、员工正常请假时间：请假 1 天至少提前 1 天申请；请假 3 天（含）以下提前 3 天申请；3 天以上提前一周申请，否则不予批假。

E、紧急情况请假必须通过电话、企业微信、手机短信、微信或邮件先取得部门负责人的获准，超出审批权限必须逐级申报审批。本人请假后回公司上班的第一时间必须补办相关请假手续。

5.6.3 加班

➢ 特殊情况确需晚上加班，原则上由 18：00 算起至下班时间，加班以 1 小时为计算单位，不满一小时不计作加班，之后每半小时作为一个累积单位来计算。

➢ 员工因工作需要加班的，必须提前提交加班申请，经直接上级或部门负责人审批，方可加班。

➢ 关于加班申请审批采用责任到位，主要由部门负责人实施监督。

5.7 本制度最终解释权归总部人力资源部所有。

☑《员工请（休）家申请表》模板：

员工请（休）假申请表

<table>
<tr><td>姓名：</td><td>部门：</td><td>请（休）假类别：补休□ 年假□ 病假□ 事假□
产假□ 婚假□ 丧假□ 其他：</td></tr>
<tr><td colspan="3">请（休）假事由：</td></tr>
<tr><td colspan="3">请（休）假共______天。从________年____月____日起至____月____日止。</td></tr>
<tr><td colspan="3">直接上级（可附原因）：同意□ 不同意□

签名：______________</td></tr>
</table>

续表

部门负责人（可附原因）：同意☐　　　　不同意☐ 签名：＿＿＿＿＿＿
人力资源部/处意见（可附原因）：同意☐　　　　不同意☐ 签名：＿＿＿＿＿＿
说明： 1. 部门负责人请（休）假，由分管总裁审批，交人力资源部审核并备案，程序同上。 2. 请（休）假申请表必须提前三天提交。 3. 请（休）假天数含例休日，但不含法定假日。 4. 病假需提供病历、病假单、医药费票据等。

☑《员工加班申请表》模板：

员工加班申请表

姓名：	部门：	职务：
加班起止时间：		事由
＿＿年＿月＿日＿时至＿＿年＿月＿日＿时共＿＿小时		
＿＿年＿月＿日＿时至＿＿年＿月＿日＿时共＿＿小时		
＿＿年＿月＿日＿时至＿＿年＿月＿日＿时共＿＿小时		
＿＿年＿月＿日＿时至＿＿年＿月＿日＿时共＿＿小时		
＿＿年＿月＿日＿时至＿＿年＿月＿日＿时共＿＿小时		
＿＿年＿月＿日＿时至＿＿年＿月＿日＿时共＿＿小时		

续表

______年___月___日____时至______年___月___日____时共______小时	
______年___月___日____时至______年___月___日____时共______小时	
______年___月___日____时至______年___月___日____时共______小时	
______年___月___日____时至______年___月___日____时共______小时	
______年___月___日____时至______年___月___日____时共______小时	
______年___月___日____时至______年___月___日____时共______小时	
______年___月___日____时至______年___月___日____时共______小时	
共计加班天 / 时数：________天________小时	
直接上级意见： 建议加班后：补休□　领加班费□　签名______　______年____月____日	
部门负责人审批： 同意加班后：补休□　领加班费□　签名______　______年____月____日	

第三节 | 薪酬管理公式

3.1 哈尔西 50% 分享比例法

哈尔西 50% 分享比例法的特点是把员工目前的产量和时间作为标准，员工如果提前完成工作，就把节约出来的时间收益由员工和企业共同分享，其中一半属于员工的奖励。其公式为：

（1）当工期提前时：工资＝实际计时工资 +（额定计时工资 − 实际计时工资）× 50%。

（2）当工期延误时：工资＝额定计时工资 +（额定计时工资 − 实际计时工资）× 50%。绩效工资的保底值＝额定计时工资 × 保底系数 a。一般可设置成 $0 \leqslant a \leqslant 1$，特殊也可小于 0。

例如，用于工厂的工人工资计算中，如某工人的工资率为 30 元 / 小时，预计用 6 小时完成工作，但他在 3 小时内完成了工作，他的收入是：

工资 =30 × 3+（30 × 6−30 × 3）× 50%=135 元

3.2 罗恩节约系数法

罗恩节约系数法跟哈尔西 50% 分享比例法最大的不同在于，奖金分成不是固定的50%，而是依据节约的时间占标准工时的百分比来定，即员工工作完成越快，获得奖金越多。其公式为：

（1）当工期提前时：绩效工资=实际计时工资+实际计时工资×节约系数=实际计时工资+实际计时工资×（额定工时—实际工时）/额定工时。

（2）当工期延误时：公式同（1），但需要设置保底值。绩效工资的保底值=额定计时工资×保底系数a。一般可设置成0≤a≤1，特殊情况下也可设置使其小于0。

例如，用于工厂的工人工资计算中，如某工人的工资率为30元/小时，预计用6小时完成工作，但他在3小时内完成了工作，他的收入是：

工资=30×4+30×4×（6–3）/6=180元

3.3 泰勒差别计件制

泰勒差别计件制是泰勒在1895年提出的报酬制度，即按照员工是否完成定额而采取不同的工资率。如果员工能够保质保量完成定额，则按照高工资率计算报酬以鼓励，如果员工未能达到定额，则全部工作量按照低工资率计算报酬，给予警告。其公式为：

（1）当实际完成任务量低于定额时：计件（或提成）工资=实际完成量×相对较低的计件单价（或提成率）。

（2）当实际完成任务量等于定额时：计件（或提成）工资=实际完成量×标准计件单价（或提成率）。

（3）当实际完成任务量高于定额时：计件（或提成）工资=实际完成量×相对较高的计件单价（或提成率）。

☑《业务员工资方案》模板：

说明：业务员的奖金提成体现了泰勒差别计件制工资计算方式。

业务员工资方案

1. 月薪 = 基本工资 5000 元 + 提成奖金

2. 提成奖金 = 月销售额 × 提成系数

目标完成率（A）	提成系数
A ≤ 70%	0
70%< A<100%	0.8
A=100%	1
100%< A ≤ 150%	1.2
150%<A ≤ 200%	1.5
200% < A	2.0

3. 具体计算方式：

如当月销售额为 15 万元，业绩完成率为 87%，即对应的提成系数为 0.8，业务员当月工资为：

月薪 =5000+150000 × 0.8=125000 元

3.4 甘特奖励工资制

说到甘特，大家比较熟悉的是“甘特图”，甘特的全名是亨利 · 劳伦斯 · 甘特（Henry Laurence Gantt），是科学管理先驱者之一，他提出的“奖励工资制”的设想是，员工达到定额标准，可以拿到一定比例的奖金，如果未达到定额标准则只能拿固定工资，不能获得奖金。这种奖金制度在当今社会应用十分普遍，如国内出租车收费计价方式本质上就是应用这种方法计算。其公式为：

（1）实际完成任务量低于或等于定额时，得固定工资。

（2）实际完成任务量高于定额时：固定工资 +（实际完成量—工作定额）× 超额计件单价。

☑《招商主管工资方案》模板：

说明：招商主管的团队业绩低于定额 13 万元，无提成，只有固定工资。高于定额部分乘以提成系数，体现了甘特奖励工资制计算方式。

招商主管工资方案

招商主管工资：月薪 = 底薪 8000 元 + 招商奖金

招商奖金计算方式：

1. 具体细则：

当月团队业绩低于 13 万元，无提成奖金；当月团队业绩达 13 万元以上，采用阶段式提成方式对业绩进行划分，不同阶段的业绩数据根据对应的提成系数计算提成奖金，即

当月团队业绩	提成系数
X<13 万元	0
13 万元≦ X<28 万元	7%
28 万元≦ X	9%

2. 具体计算方式：

如当月团队业绩为 30 万元，减去 13 万元 X 值后，实际业绩为 17 万元，招商主管当月工资为：

月薪 =8000+170000 × 7%=19900 元

3.5 分段计件制

分段计件制即员工完成定额发给标准工资，超额完成定额的部分，按规定的计件单价发给超额工资。这种计算方法也较常见，如企业发薪个人所得税的计算。其公式为：

（1）0< 实际完成任务额 X ≤ N1 时：工资 = 实际完成额 ×P1。

（2）N1< 实际完成任务额 X ≤ N2 时：工资 =N1×P1+（实际完成额 -N1）×P2。

（3）N2< 实际完成任务额 X ≤ N3 时：工资 =N1×P1+N2×P2+（实际完成额 -N1-N2）×P3。

☑《一对一教师工资方案》模板：

说明：工资方案中根据教师当月完成的课时分段计算课酬，体现了分段计件的工资计算方式。

一对一教师工资方案

一、月薪 = 岗位工资 + 职务工资 + 课时费

二、薪资总额的组成

1. 固定薪酬部分均为岗位工资及职务工资。其中岗位工资根据小学、初中、高中以及教师星级有所不同，并且每年调整一次。

分类	星级				
	1	2	3	4	5
小学	1000	1200	1300	1400	1500
初中	1200	1400	1500	1700	2000
高中	1300	1500	1600	1800	2100

2. 职务工资根据学历和职称的不同而有不同的标准：

（1）学历：大专 100 元，本科 200 元，硕士 300 元，双学历者按最高学历给与，如两个学历同等，则按高一级别计算。

（2）职称：按下表给予，无职称者不享受此项：

小学	三级	二级	一级	高级	副高级
标准（元）	50	100	150	300	500
中学	**三级**	**二级**	**一级**	**高级**	——
标准（元）	100	150	250	500	——

3. 课时费根据教师当月完成的课时分段计算课酬

年级	课　　酬			
	课时 <=60	60< 课时 <=90	90< 课时 <=120	120< 课时
小学 1–5 年级	30	32	36	42
小六、初一、初二	35	37	41	47
初三	40	42	46	52
高一 高二	45	47	51	57
高三	50	52	56	62

4. 具体计算方式：

如初二数学教师，评级 2 星，岗位工资为 1400 元，职务工资为 350 元，5 月上课 140 课时，其月工资为：

月薪 =1400+350+60 课时 ×35+（140–60）课时 ×37=6810（元）

3.6　梅里克多级计件制

梅里克多级计件制的计算方法是将人员分为若干等级，随着等级变化工资比率有相应的变化，低等和中等的获得较合理的报酬，优等的会得到额外的奖励。其公式为：

（1）绩效等级或岗位级别较低的员工：工资 = 实际完成额 × 基准计件单价。

（2）绩效等级或岗位级别中等的员工：工资 = 实际完成额 ×［基准计件单价 ×（1+ 预定上浮比例 10%）］。

（3）绩效等级或岗位级别较高的员工：工资 = 实际完成额 ×［基准计件单价 ×（1+ 预定上浮比例 20%）］。

☑《教师工资方案》模板：

说明：教师每年根据绩效评定评出星级教师，岗位工资和课时费会因教师星级不同而不同，总课时费 = 课时数 ×（基本课酬 × 星级系数），体现了梅里克多级计件工资计算方式。

教师工资方案

一、月薪 = 岗位工资 + 职务工资 + 课时费 + 学生数奖金

二、薪资总额的组成

1. 固定薪酬部分均为岗位工资及职务工资。其中岗位工资根据小学、初中、高中以及教师星级有所不同，并且每年调整一次。

分类	星级				
	1	2	3	4	5
小学	800	850	900	950	1000
初中	1000	1050	1100	1150	1200
高中	1200	1250	1300	1350	1400

2. 职务工资根据学历和职称的不同而有不同的标准：

（1）学历：大专 100 元，本科 200 元，硕士 300 元，双学历者按最高学历给与，如两个学历同等，则按高一级别计算。

（2）职称：按下表给予，无职称者不享受此项：

小学	三级	二级	一级	高级	副高级
标准（元）	50	100	150	300	500
中学	三级	二级	一级	高级	——
标准（元）	100	150	250	500	——

3. 专职教师星级评定原则上每年评估一次，根据评定的结果对应确定

课时费标准，并随星级评定结果的变化而变化。学生数奖金根据每次课学生人数乘以一定系数进行计算。

年级	课时费（基本课酬 × 星级系数）				学生人数奖金
	基本课酬	1 星	2 星	3 星	
小学一至五年级	18	1.1	1.2	1.3	1.6
小六、初一、初二	21				1.8
初三	24				2
高一、高二	34				2.3
高三	44				2.6

第六章　劳动关系管理操作指南

第一节 ┃ 员工异动管理

1.1　入职手续办理

求职者通过面试取得《录用通知书》，在约定时间入职，HR 会帮其办理入职手续。入职手续通常需要填写如下表格资料。

☑《员工手册确认书》模板：

员工手册确认书

本人____________于________年____月____日认真阅读__________公司员工手册（2021 年 03 月版本　编号:_______________）本人已知悉手册之全部内容并同意遵照执行。

确认人：______________

确认时间：____________

证明人：______________

☑《劳动关系确认函》模板：

劳动关系确认函

本人_________，身份证号_________确认在之前的原工作单位_________已办妥离职手续，人事档案已转出原工作单位，目前未与任何单位存在劳动关系或组织关系，未在原单位所属地区及其他地区的社保经办机构购买社会保险。如有隐瞒或虚假，因此造成的一切法律责任自负。

确认人：（签名）

年　月　日

☑《履历表》模板：

员工履历表

填表日期：　　年　　月　　日

<table>
<tr><td>姓名：</td><td>性别：</td><td>籍贯：</td><td colspan="2">出生：　年　月　日</td><td rowspan="4">贴
相
片</td></tr>
<tr><td>学历：</td><td>婚姻状况：</td><td>民族：</td><td colspan="2">身高：　体重：</td></tr>
<tr><td colspan="5">户籍地址：</td></tr>
<tr><td colspan="5">现住址：　邮编：</td></tr>
<tr><td colspan="6">地址变更：　开始参加工作时间：____年__月</td></tr>
<tr><td colspan="6">住宅电话：　手机：</td></tr>
<tr><td colspan="6">身份证号：</td></tr>
<tr><td colspan="6">家庭成员（配偶子女父母）</td></tr>
<tr><td>姓名</td><td>关系</td><td colspan="2">工作单位或家庭地址</td><td>职务</td><td>联系电话</td></tr>
<tr><td></td><td></td><td colspan="2"></td><td></td><td></td></tr>
<tr><td></td><td></td><td colspan="2"></td><td></td><td></td></tr>
</table>

续表

学习经历	起止年月	学校名称		专业	学位	备注
	/					
	/					
	/					
技术职称	名称________　级别________　授予时间________　授予部门__________					
	名称________　级别________　授予时间________　授予部门__________					
工作经历	起止年月	工作单位	职位	平均月薪	离职原因	备　注
	/					
	/					
	/					
	/					

有何突出的工作业绩、科研成果或著作	
个人特长：	
健康状况说明	优秀□　良好□　一般□　较差□　很差□ 如有传染病史、现有疾病等状况，请列出：__________________
声明	本人承诺：在本表内所填资料属实，如任何一项情况失实，贵公司有权与本人解除劳动合同或采取其他处理方式，并承诺到贵公司报到前，已与原工作单位解除劳动合同等关系，并不将原工作单位的任何商业秘密带到贵公司。如与原工作单位因原劳动合同或商业秘密问题出现法律纠纷，本人愿意自己承担一切责任。 员工本人签名： 日期：

☑《新员工入职指引》模板：

新员工入职指引

________（先生 / 女士）：

欢迎您加入__________公司！

请您按照以下指引办理相关手续，如有任何疑问请及时联系人力资源部____________，电话号码：__________。

序号	报到程序	对接部门	对接人	电话	完成日期
1	办理入职手续	人力资源部			报到当日上午完成
2	签订劳动合同				报到当日上午完成
3	考勤登记				报到当日完成
4	领取工牌				7 个工作日后领取
5	试用期定期访谈 （不少于三次）				第一次：入职一周后完成 第二次：入职一个月后完成 第三次：入职两个月后完成
6	网络调试 开通 EAS 账号 开通内部邮箱 开通通信系统	信息技术部			报到当日上午完成
7	分配办公区域	用人部门	指定专人		报到当日
8	领取电脑、电话、分机号		指定专人		报到当日
9	领取办公用品		指定专人		报到当日
10	部门内外新员工介绍		指定专人		报到当日完成
11	参加新员工入职培训		直接上级		请务必在入职 1 个月内参加
12	试用期定期访谈 （不少于三次）		直接上级		第一次：入职一周后完成 第二次：入职一个月后完成 第三次：入职两个月后完成
13	试用期考核 KPI 设定并提交人力资源部		直接上级		转正当日

续表

序号	报到程序	对接部门	对接人	电话	完成日期
14	名片制作 需（　）/否（　）	总务部			入职当月
15	宿舍分配、入住登记 需（　）/否（　）				入职当日

附：一、新员工入职电脑操作须知

（一）电脑登录：输入用户名和密码；第一次登录，系统会提示更改密码，请妥善保管密码。

（二）通信系统：点击桌面快捷方式进入，输入用户名、密码即可登录。

（三）内部邮箱系统：内部邮箱是员工内外交流的重要手段之一，建议每天至少登录一次以查看相关邮件。邮件系统登录方式有以下两种：1. 登录公司 EAS 系统，点击“快捷通道”之“公司邮箱”邮箱系统；2. 于互联网浏览器地址栏中输入以下地址：https：//** 登录。

（四）EAS 办公平台使用：1. 内部登录方式：于互联网浏览器地址栏中输入以下地址：http：//**，输入账号、密码即可登录；2. 外部登录方式：于互联网浏览器地址栏中输入以下地址：http：//** 输入账号、密码即可登录。

二、新员工拨打电话须知

（一）拨打内部电话：总部大楼分机请直拨分机号，非总部大楼分机请拨总机号 + 分机号。

（二）抢接电话：“#”号键 + “*”号键；转接电话：挂机 + “分机号”。

（三）拨打本省外部电话：拨“0”+ 电话号码。

（四）拨打长途电话：请用直线电话拨打。

☑《保密协议》模板：

保密协议

甲方：　　　　　　　　　　　　法定代表人（或委托人）：

乙方：　　　　　　　　　　　　身份证号：

甲乙双方本着平等自愿的原则，经协商一致，就双方的保密事项达成如下协议：

1. 本协议所指的商业秘密（保密材料），是指甲方的技术资料、客户资料、培训资料、公司管理制度、员工档案、薪资档案、甲方与外方合作的经济合同条款及有关甲方经营的相关资料、统计数据等。

2. 乙方在职期间，应严格遵守下述保密守则：

2.1　自觉加强保密教育，严防商业间谍行为，杜绝疏忽泄露和恶意出卖甲方的商业秘密；

2.2　不在公共场所和家人、亲友、负责不同职能的同事及竞争对手面前谈论以上商业秘密；

2.3　非因工作需要，不在公司接待同行及外单位人士；

2.4　非因工作需要，不得携带保密材料外出；不得在不利于保密的地方存放须保密的资料；

2.5　未经同意，不得查阅、复制其他同事的资料；

2.6　未经上级主管同意，所有涉及保密的工作内容不得以任何形式（包括 E-mail）传送到公司以外的单位、人或其他设备上；

2.7　需复制、传送、转移保密材料，必须经该部门负责人同意后方可执行；

2.8　需外部电脑维修人员操作电脑时，负责接待的人员需要全程监控其操作。禁止外单位人员（包括兼职员工）查看公司电脑或擅自操作电脑；

2.9 电脑设置屏幕保护程序，离开二十分钟以上关闭显示器；

2.10 因乙方原因造成泄密，乙方应即刻补救，尽所有可能将损失减到最小。

3. 保密期限：自乙方入职之日起至乙方离职一年后止。在双方商定的保密期限内，包括与甲方的劳动合同期间和离职后的竞业限制期间，乙方不得从事甲方竞争对手或同类业务的相关工作。

4. 违约责任：若乙方违反本协议，甲方有权依据本协议以及情节轻重给予相应处罚。

4.1 对于情节轻微者，将以教育为主、惩处为辅；

4.2 对于两次以上违反情节不算严重而又屡教不改，或一次违反情节严重的，将予以辞退处理；

4.3 对于在职期间恶意出卖甲方商业秘密或泄露商业秘密，导致甲方利益受损，予以辞退的同时，甲方将依法追究相应的经济责任及法律责任；

4.4 对于离职后在竞业限制期间泄露甲方商业秘密，或从事本协议第3条所限制的与甲方有利益冲突的单位或行业，甲方将循法律途径追究其给甲方造成的所有损失（包括给甲方在管理上造成的不良影响），追究相应的经济责任及法律责任，并将行文通告同行。

5. 本协议作为劳动合同的补充协议，甲、乙双方各执一份，经双方签章后生效。

甲　　方：　　　　　　　　　　乙　　方：

法人代表：　　　　　　　　　　身份证号：

日　　期：　　　　　　　　　　日　　期：

☑《新员工提交入职资料交接收据》模板：

新员工提交入职资料交接收据

一、新员工入职交予单位的证件 / 资料：

1. 区级以上医疗单位的身体检查报告原件 □
3. 应届生《报到证》 □
4. 小一寸彩照 3 张 □
5. 身份证复印件 □
6. 学历文件复印件 □
7. 资格证复印件 □
8. 居住证复印件 □
9. 银行卡复印件 □
10. 离职证明原件 □

二、单位在办理入职手续时给予新员工签订的资料：

1. 新员工入职指引 □
2. 员工履历表 □
3. 保密协议 □
4. 交资料收据 □
5. 劳动关系确认函 □

其他说明：______________________________

交件人签名： 人力资源部收件人签名：

日期： 日期：

注：已收到的打“√”。

1.2　试用期管理

试用期是指企业对入职新员工是否达到岗位要求的考察期限。在试用期内对新员工的引导，提供新工作的信息，帮助新员工有效开展工作，理解企业与组织建立情感联系，我们称为入职管理或试用期管理。

☑《新员工入职与试用期管理办法》模板：

新员工入职与试用期管理办法

一、目的

为了加强公司新入职员工的管理，让新员工尽快熟悉公司的各项规章制度、工作流程和工作职责，顺利度过试用期，达到岗位工作标准，公司为此编制了《新员工入职与试用期管理办法》。该办法主要目的是：

1. 帮助新员工尽快认识和了解公司的企业文化，理解并接受公司的行为规范要求；

2. 帮助新员工明确岗位职责、任务和目标，快速掌握工作方法，尽快进入岗位角色；

3. 跟踪和评估新员工在试用期的行为表现，为试用期员工的留用或辞退提供依据。

二、适用范围

适用于公司新入职员工、新调岗员工以及离职后又重返公司任职的员工。

三、相关人员角色及职责

角色	职责
新员工	1. 按照公司要求提交入职资料； 2. 按照培训计划尽快熟悉公司业务及本职工作； 3. 按照人力资源部要求在考核中进行自评，并准备转正材料。

续表

角色	职责
人力资源部	1. 负责编制新员工试用期培养计划； 2. 负责办理新员工入职手续及跟进试用期融入情况； 3. 负责发起新员工试用期考核； 4. 负责新员工转正、调岗或辞退等流程操作。
部门负责人	1. 负责安排和监督新员工在岗训练情况； 2. 按照培训计划对新员工进行必要的岗位培训； 3. 负责安排新员工的工作，让其熟悉办公环境； 4. 负责对新员工进行培训试用期考核。
其他部门负责人	1. 按照培训计划，对新员工进行相关基础培训； 2. 对工作交集部分，进行客观评价和反馈，意见综合纳入考评。
人力资源负责人及总经理	1. 负责审批新员工转正申请； 2. 与绩效特别突出的新员工进行面谈。

四、员工入职管理（入职首日安排）

1. 第一步：到人力资源部报到

接到入职通知，在约定时间到人力资源部报到，按照入职流程完成以下工作：

（1）完成《新员工提交入职资料交接收据》中要求的资料填写；

（2）按照《新员工提交入职资料交接收据》提交个人资料。

2. 第二步：到所属部门报到

（1）人力资源部将新员工引见给部门负责人；

（2）部门负责人将新员工介绍给本部门员工；

（3）部门负责人跟新员工进行工作沟通，明确岗位职责与工作目标，根据新员工培训计划为新员工安排工作内容；

（4）部门负责人为新员工介绍带训导师；

（5）带训导师带领新员工熟悉公司和岗位。

五、新员工培训

对新员工的入职培训主要分为两个方向：

1. 由人力资源部组织的入职培训，主要是传达企业文化，介绍公司概况和各项规章制度等，帮助新员工明晰职业要求、素养及公司制度流程。

培训方式：面授、参观。

培训内容：公司概况、公司制度、组织架构、各职能部门分工、参观公司各部门工作环境以及认识各部门同事。

2. 专业性业务类培训。

培训方式：面授。

培训内容：基本业务产品知识。

注：具体的培训安排详见培训计划表。

六、新员工试用期管理

1. 新员工培养计划

新员工入职后，须按照新员工培训计划进行试用期基础及岗位培训，完成相应培训项目后请新员工及培训考核人在相应表格上签字确认。

2. 试用期工作总结汇报

新员工在试用期内，须每周在办公系统（汇报板块）提交周报，提交给上级批阅，抄送给人力资源部。

3. 试用期沟通

人力资源部在试用期内跟进员工的组织融入情况，分为四个阶段：入职一周、入职一个月、入职两个月、转正前跟员工、带训导师和员工上级进行沟通。

1）与员工沟通。了解其工作目标、工作执行的情况和对组织的感受，帮助其解决工作期间遇到的问题和疑惑。

2）与带训导师沟通。了解其对员工工作态度、能力等的具体评价，判断员工的真实情况。

3）与其上级沟通。了解其对员工的期望和现实感受。反馈员工需要的支持和遇到的问题，共同商讨解决方案。

4）把沟通结果，填写到《员工试用期沟通记录表》，并让三方确认签字。

4. 转正

通常情况下，我司新员工入职有 3 个月的试用期。

1）人力资源部于员工转正前 15 天下发《员工转正审批表》给待转正员工所在部门负责人，部门负责人督促员工按照述职报告模板写述职报告，并填写审批表中的“个人评分”部分。

2）新员工所在部门在《员工转正审批表》给出上级评分和填写“部门负责人”意见栏。

3）人力资源部回收相关资料并报公司领导审批。审核通过的员工正常转正，不通过的员工将根据情况延长试用期或予以辞退。

七、附则

本办法自发布之日起生效。本办法的最终解释权归公司人力资源部。

☑《试用期员工述职报告》模板：

试用期员工述职报告

姓名		部门		职位		入职日期	
一、对公司的初步认识及感受：							

续表

二、主要工作内容（包括工作事项、完成状态、未完成原因）:
三、工作业绩展示（工作成果、创新亮点）:
四、工作思考（存在的问题和不足、改进策略）:

续表

五、试用期个人感悟:
六、对公司管理或其他方面的意见和建议:

签名: 日期:

☑《员工转正审批表》模板：

员工转正审批表

姓名		部门			岗位		入职日期		
学历		专业			申请转正日期		拟转正日期		
评价项目	评价标准		个人评分	上级评分	评价项目	评价标准		个人评分	上级评分
工作质量（30%）	1. 超出质量要求得30分； 2. 按质量要求完成25分； 3. 达标率在95%及以上20分； 4. 达标率在90–95%得15分； 5. 达标率80–90%得10分； 6. 达标率低于70%得0分。				团队合作（5%）	1. 主动寻求与其他人合作得5分； 2. 面临与团体利益冲突时，遵从团队利益得4分； 3. 维持一般合作关系，冲突2次以内得2分； 4. 缺乏合作精神，与人共事冲突超过3次得0分。			
工作效率（30%）	1. 在计划时效前完成得30分； 2. 按计划时间完成得25分； 3. 略有延时得20分； 4. 延误较严重但对工作影响不大得10分； 5. 工作效率低下对工作影响大或被投诉得0分。				组织纪律（5%）	1. 严于律己，以身作则得5分； 2. 遵守公司制度与规范得4分； 3. 基本遵守，违规2次内得2分； 4. 约束能力差，违规3次以上0分。			

续表

执行力（10%）	1. 有预见性，积极主动得 10 分； 2. 能主动履行本职工作得 8 分； 3. 依赖上级指示或督促得 6 分； 4. 避重就轻，不交不办或拖延得 3 分； 5. 上级下达任务不履行 0 分。			有效沟通（5%）	1. 主动与上级同事分享进度得 5 分； 2. 站在不同立场考虑问题得 4 分； 3. 实事求是，接受不同观点得 3 分； 4. 平等开放姿态沟通，积极对待冲突得 2 分； 5. 自我为中心，不愿与他人沟通得 0 分。		
顾客导向（10%）	1. 引导客户需求，提供超出期望的支持和帮助得 10 分； 2. 树立良好口碑，持续赢得客户信赖得 8 分； 3. 友好、专业地对待顾客，对行动做出改善得 6 分； 4. 解决常规性顾客问题得 4 分； 5. 遭到顾客投诉得 0 分。			学习能力（5%）	1. 学习后实践得到良好效果 5 分； 2. 学习后用于实践得 4 分； 3. 主动学习并分享得 3 分； 4. 有学习意识但无行动 0 分。		
部门负责人意见	考核得分：________分（个人 20%，上级 80%） 综合评语： 转正意见：□转正（建议转正日期：________）□延长试用　□终止试用 试用期工资：________元 / 月，职级：________ 建议转正工资：________元 / 月，职级：________ 部门负责人：　　　日期：　　　年　　月　　日						

续表

人力资源部意见	签名：　　　日期：　　　年　　月　　日
分管领导/总经理审批	签名：　　　日期：　　　年　　月　　日

☑《员工试用期沟通记录表》模板：

员工试用期沟通记录表

<table>
<tr><td>姓名</td><td></td><td>部门</td><td></td><td>岗位</td><td></td></tr>
<tr><td>入职日期</td><td></td><td>直属领导</td><td></td><td>带训导师</td><td></td></tr>
<tr><td colspan="6">第 1 次沟通记录（入职 1 周后）
面谈人：　　　面谈日期：____年__月__日　　员工确认：　　　面谈人确认：</td></tr>
<tr><td colspan="4">员工自评</td><td colspan="2">面谈人总结</td></tr>
<tr><td colspan="4">1. 简单谈谈这段时间的工作与个人感受；</td><td colspan="2" rowspan="2"></td></tr>
<tr><td colspan="4">2. 你对公司及部门内工作氛围的印象如何？</td></tr>
</table>

续表

3. 你如何看待自己岗位的工作职责及工作内容?	带训导师反馈:
4. 在这段时间的工作中遇到的问题及需要提供的帮助?	
	直属上司反馈:

第 2 次沟通记录（入职 1 月后）	
面谈人:　　面谈日期: ____年__月__日　　员工确认:　　面谈人确认:	
员工自评	**面谈人总结**
1. 入职后对公司的整体印象与入职前是否有反差? 如有，请举例。	

续表

<table>
<tr><td>2. 一个月下来，有自信胜任自己的工作吗？有哪些优劣势？</td><td>带训导师反馈：</td></tr>
<tr><td>3. 接下来的工作计划及目标是？</td><td rowspan="2">直属上司反馈：</td></tr>
<tr><td>4. 你参加过的新人培训感觉效果如何？对你能有哪方面的帮助？</td></tr>
</table>

续表

<table>
<tr><td colspan="2">第 3 次沟通记录（入职 2 月后）

面谈人：　　面谈日期：____年__月__日　　员工确认：　　面谈人确认：</td></tr>
<tr><td>员工自评</td><td>面谈人总结</td></tr>
<tr><td>1. 本月未完成哪些工作，未完成的原因是什么？</td><td></td></tr>
<tr><td>2. 在工作中遇到哪些困难，你是如何协调和解决的？</td><td>带训导师反馈：</td></tr>
<tr><td>3. 你对公司的整体情况都了解吗？有什么是你特别想了解而不了解的？</td><td>直属上司反馈：</td></tr>
</table>

续表

<table>
<tr><td colspan="2">第 4 次沟通记录（转正面谈）
面谈人：　　面谈日期：____年__月__日　　员工确认：　　面谈人确认：</td></tr>
<tr><td>员工自评</td><td>面谈人总结</td></tr>
<tr><td>1. 在试用期间学到什么？你最大的收获是什么？</td><td></td></tr>
<tr><td>2. 自我感觉不足的地方是什么？（哪些方面还需提高？）</td><td rowspan="2">带训导师反馈：</td></tr>
<tr><td>3. 你的职业规划是什么？觉得这个岗位符合吗？</td></tr>
<tr><td>4. 对自己转正后接下来的工作开展有什么计划？</td><td rowspan="2">直属上司反馈：</td></tr>
<tr><td>5. 对公司、本部门、人力资源部的工作有何建议或要求？</td></tr>
</table>

1.3 异动管理

一般来说，员工异动管理包含晋升、降职、内部调动、离职、辞退等的管理。是为了健全人才流动秩序，保障人员的相对稳定。

内部调动，常见的有两种情况：一种情况是指员工所在部门内部的职位、职级、薪资发生了变化；另一种情况是把员工调入其他部门，其职位、职级及薪资发生了变化。这两种情况都基于员工主动提出或者公司安排的因素。

在调动管理过程中，管理者最担心的是转岗后员工能否胜任新岗位这个问题。有些员工调整到新岗位后没有原来预想的好，以至于被调出部门退还给人力资源部。员工调出部门原岗位后又无空缺，也不允许员工回到原部门，最后只能辞退员工，导致员工离开时怨气大，觉得不公平。这时候考察期评估表就显得格外的重要，通过考察表可以了解员工工作期间表现情况以及对工作的胜任程度，可以让员工离开得有理有据，心服口服。调动前跟员工签署转岗协议，让员工预先有心理准备，清楚自己如果不胜任的后续结果，免得后面带来不必要的劳动纠纷。

☑《员工调动管理流程》模板：

员工调动管理流程

一、目的

为规范公司管理，合理配置人力资源，充分调动员工积极性，特制定本流程。

二、适用范围

本流程适用于公司下属各单位，各部门员工岗位调动，职位升 / 降，薪酬调整等情况。

三、术语、定义

员工调动管理包括人员调动申请、任职资格评估、审核及调动手续办理等。

四、部门及职责

角色	职责
转岗员工	1. 填写提交《人事变动审批表》; 2. 配合调入部门的任职资格评估过程; 3. 办理工作交接和调动手续; 4. 对公司确定的调动后岗位、职级、薪资、到岗时间等事项进行反馈; 5. 按照考察期目标进行调动后实操。
人力资源部	1. 负责发放《人事变动审批表》; 2. 跟进调动员工任职资格评估; 3. 跟进变动审批表审核情况; 3. 与调入部门共识员工的新岗位、职级、薪资和到岗时间; 4. 跟进调动手续办理; 5. 跟踪员工考察期情况和考察期评估后的安排。
调出部门	1. 负责变动审批表的签批; 2. 与调入部门沟通，包括反馈员工在岗情况、到岗时间商讨等; 3. 负责调动员工的工作交接; 4. 配合人力资源部关于员工调动的其他事项。
调入部门	1. 负责员工变动审批表的签批; 2. 对调动员工进行任职资格评估; 3. 与调出部门沟通，了解员工在岗情况和到岗时间商讨等; 4. 与员工订立考察期目标和考察标准; 5. 负责员工调动后的新岗位培训; 6. 负责员工考察期的评估。

五、调动审批

5.1 流程图

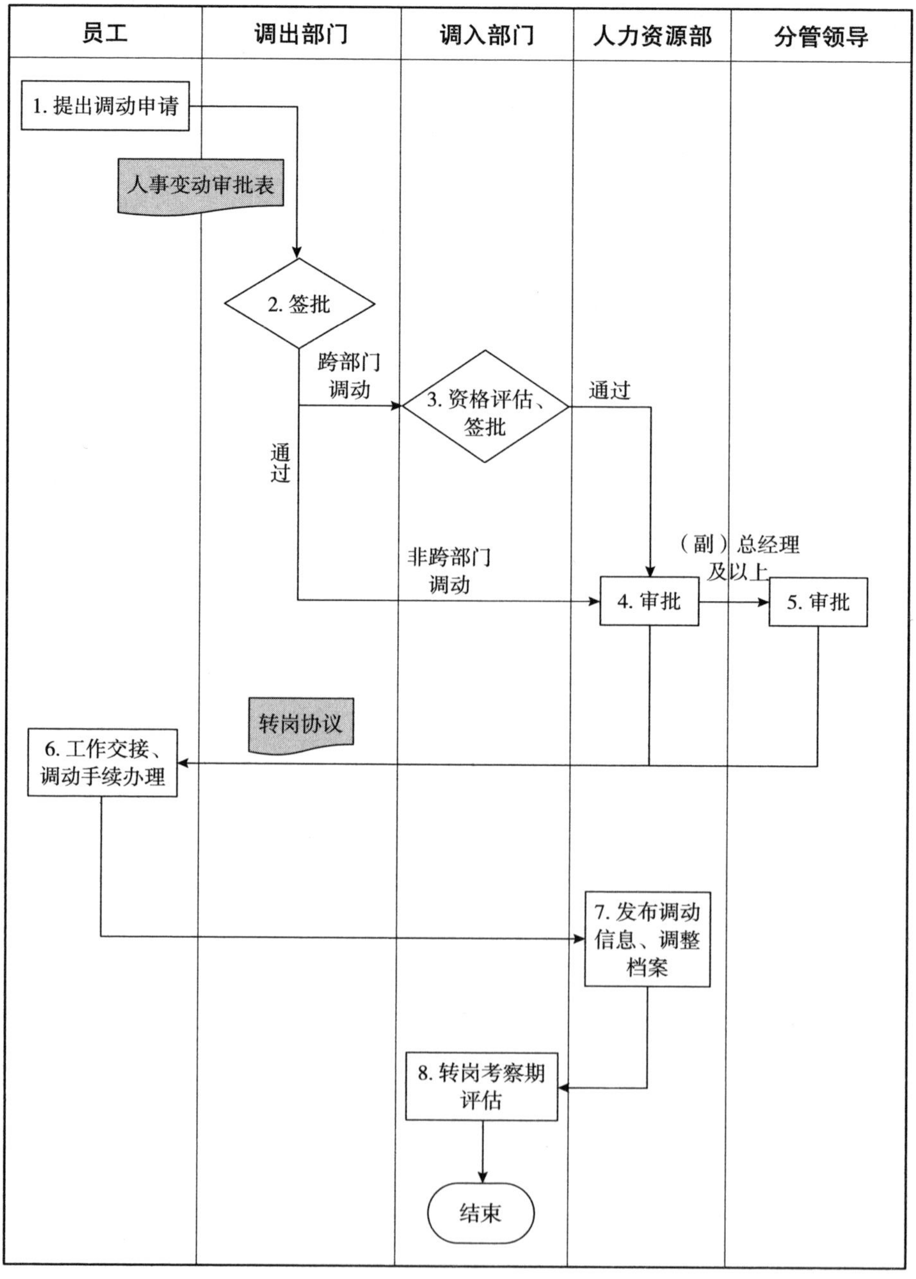
员工
调出部门
调入部门
人力资源部
分管领导
1. 提出调动申请
人事变动审批表
2. 签批
跨部门
调动
通过
3. 资格评估、
签批
通过
非跨部门
调动
（副）总经理
及以上
4. 审批
5. 审批
转岗协议
6. 工作交接、
调动手续办理
7. 发布调动
信息、调整
档案
8. 转岗考察期
评估
结束

5.2 流程说明

序号	责任人	任务名称	工作描述	时限	表单
1	员工	填写人事变动审批表	因工作需要需调整岗位、职务的，填写员工个人信息。	确认调动后	人事变动审批表
2	调出部门负责人	审批人事变动审批表	调出部门负责人收到人事变动表后，需尽快审批调动意见，如不同意调动，需要与员工达成一致意见。		
3	调入部门负责人	资格评估、审批人事变动审批表	调入部门负责人评估拟调入员工的任职资格，签批调动意见，签批意见需与调出部门一致。		
4	人力资源部岗位HR经理/总监	签批调动意见	人力资源部与调入部门共识岗位、职级、薪资及调入时间等信息，HR负责人签批调动意见。		
5	分管领导	签批调动意见	分管领导确认直属或（副）总经理级及以上人员的调动意见。		
6	调入/调出部门岗位交接人	办理调动手续，做好工作交接	拟调入员工收到新岗位、职级、薪资等HR反馈的信息后，做好工作交接，办理转岗手续，不办理调动手续或手续未办理完毕者，调入部门一律不接收。	调入/调出部门负责人协商，原则不超过2个月	转岗协议
7	人力资源部HR	公告，调档	确认员工调动手续办理完毕后，HR在公司平台公布调动信息，调整员工档案；若有调整薪酬的，HR负责工资核算人员根据调薪生效时间核发工资。	3个工作日内	
8	调入部门	转岗考察期评估	员工转岗后，调入部门跟员工设定考察目标。考察期满进行评估确认是否通过。	一般设定2个月，不超3个月，根据岗位情况	

六、调动考察期

6.1 职位调动考察期为 1—3 个月，调入部门根据岗位要求设定考察期；

6.2 考察期间，调入部门与员工共识考核目标和评估标准，双方在《员工转岗审批表》上签名确认；

6.3 考察期间，调入部门负责员工的上岗训练和辅导，帮助员工融入新团队和快速熟悉新岗位；

6.4 考察期结束，调入部门对员工进行评估，填写《员工转岗审批表》上填写考察结果；

6.5 如果通过考核，员工调动成功；如果未通过考核，人力资源部按照《转岗协议》的条款进行操作。

七、生效

1. 本制度自 2020 年 3 月 1 日起施行。

2. 本制度由人力资源部负责解释。

☑《人事变动审批表》模板：

人事变动审批表

姓名：__________　　　　入职日期：__________

部门：__________

变动项目（请于选择项目格内打“√”号）

□外派	□晋升	□降职
□调动	□薪资调整	□其他__________

变动详情（请按内容详细填写）

变动内容	变动前	变动后
工作城市		
部　　门		
岗位名称		

续表

职　　级		
月工资额		
最后一次调薪日期		
变动原因：		

变动生效日期：________年____月____日

审批（请相关负责人在表格内审批）

部门	部门负责人意见	分管领导意见
原部门		
新部门		
人力资源部意见		

员工签字：　　　　　　　　　　　　　　年　　月　　日

☑《转岗协议》模板：

转岗协议

甲方（公司）：

通信地址：

邮箱：

乙方（个人）：

通讯地址：

邮箱：

方与乙方于________年____月____日签订劳动合同书。

现因________________需要，经充分、平等协商，甲、乙双方自愿达成以下转岗协议并遵照执行：

一、员工________原岗位为________________，自________年____月____日起，工作岗位变更为________________，具体工作职责／内容按公司相关制度执行或由公司安排。乙方承诺服从安排并尽心尽职。

二、调整工作岗位后薪资变更为________元。

三、调整工作岗位后岗位职级变更为________。

四、调整工作岗位后工作时间变更为________。

五、调整工作岗位后考察期从________年____月____日起至________年____月____日止。

六、考察期内，如出现“上级评价”结果考察期不通过的，视为考核不合格，员工不胜任新岗位。双方同意甲方按以下方式处理：

（1）甲方可以将乙方调整回原岗位或合理安排至其他岗位工作。

（2）如无法安排其他岗位，按相关法律或公司制度解除劳动关系。

七、本岗位调整不涉及双方劳动合同书合同期限的变更，即双方劳动合同的期限乃至________年____月____日止。

八、本协议作为劳动合同书的补充，自双方签字盖章之日起生效，有效期至双方劳动合同期限届满日止。

九、本协议一式两份，双方各执一份，具有同等法律效力。

甲方（盖章）：　　　　　　　　乙方（签字）：

年　月　日　　　　　　　　年　月　日

☑《转岗考察期评估表》模板：

转岗考察期评估表

姓名： 部门： 职位： 考察期：

<table>
<tr><th>序号</th><th>重点工作事项</th><th>衡量目标</th><th>自我评估（每项满分5分）</th><th>上级评估（每项满分5分）</th></tr>
<tr><td>1</td><td></td><td></td><td></td><td></td></tr>
<tr><td>2</td><td></td><td></td><td></td><td></td></tr>
<tr><td>3</td><td></td><td></td><td></td><td></td></tr>
<tr><td>4</td><td></td><td></td><td></td><td></td></tr>
<tr><td>5</td><td></td><td></td><td></td><td></td></tr>
<tr><td>6</td><td></td><td></td><td></td><td></td></tr>
<tr><td>7</td><td></td><td></td><td></td><td></td></tr>
<tr><td>8</td><td></td><td></td><td></td><td></td></tr>
<tr><td colspan="5">评分标准：全面超出期望（≥ 4），部分超出期望（3.5 ≤评分 < 4），符合期望（3.0 ≤评分 < 3.5），部分低于期望（2.0 ≤评分 < 3.0），全面低于期望（评分 < 2）</td></tr>
<tr><td colspan="2">目标确认</td><td colspan="3">员工签名： 上级主管签名：</td></tr>
<tr><td colspan="2">考察期结束填写</td><td colspan="3">上级主管意见 □转岗考察期通过 □考察期不通过
转岗员工签字： 上级主管签字：
年 月 日 年 月 日</td></tr>
<tr><td colspan="5">部门签字： 人力资源部签字：
年 月 日 年 月 日</td></tr>
</table>

很多企业没有清晰的晋升通道、晋升标准、晋升频率，管理者凭主观印象对员工进行提拔，一切管理者说了算。致使有能力的员工感到不公平，久而久之失去动力乃至流失。因此，晋升机制和标准在人员内部异动中显

得尤为重要。

☑《晋升管理制度》模板：

晋升管理制度

一、总则

1. 基于尊重人员贡献和成长的企业文化及人才发展理念，激励高绩效、高潜力员工，实现员工个人与企业发展一致；推动人才队伍整体水平不断提升，特制定本制度。

2. 本制度所指的晋升，是指员工在任职期间工作业绩突出且为公司创造很大价值的，通过公司人才评定会评估，可对职务等级或薪资级别做相应职务或薪资调整。

3. 本制度适用于全体全职员工。员工工作努力、业绩突出者，均可成为被晋升的对象。

二、晋升的原则

4. 晋升必须坚持进度匹配原则：在原职级岗位上工作优秀；候选人的能力已达到拟晋升职级的标准；晋升后，跟同职级的同事差距小；晋升后，对个人及团队而言可以起到正激励的、提高士气的作用。

5. 晋升必须坚持公平、公正、公开的原则。

6. 晋升必须坚持能力和潜力原则，对员工的晋升应当严格要求。

7. 采用逐级晋升的阶梯晋升原则，不可跨级晋升。

8. 不采取跨部门、跨职类的岗位晋升职级。

9. 能升能降的原则。根据员工绩效考核的情况，员工职位可升可降。

10. 当年度受处罚的员工，次年不能晋升。

三、晋升的渠道

11. 各级管理人员对下属员工的工作除了监督之外，应给予更多的支持和工作指导，对工作或管理水平提高较快，工作业绩较为突出的员工，应积极推荐合适的晋升岗位。

12. 对于优秀员工在本部门无法满足其晋升要求时，部门管理人员应积极将员工的情况报至人力资源部建立储备人才档案。

四、晋升的资格

无论何种晋升通道，员工必须具备以下条件：

13. 员工晋升，必须在本职或相关岗位上工作一年（含）以上，工作展现符合企业价值观的关键绩效行为（为公司做出突出贡献者或特殊才干者可以考虑提前晋升）。

14. 最近一年内的两期考核中考核等级必须是良好以上。

五、晋升程序

人力资源部依据公司组织运营状况、员工综合考核情况、各部门负责人提出的晋升建议的名单，在预定的时间内给予核定。

15. 晋升形式：

1）人才评定会。通过候选人述职演讲、答辩，直接上司补充展示，评委讨论候选人能力与潜力，甄选出合适的人才，匹配相应岗位。

2）竞聘。在关键岗位紧急用人的情况下，可以启动“岗位竞聘”，满足特殊时间的人员需求。

16. 晋升时间：

1）职能人员每年统一的窗口期有两次，分别是 3 月（年末绩效完成后）和 9 月（年中回顾完成后）；

2）营运人员的晋升时间根据业务实际情况、人员潜力、能力综合判断，可不受窗口期限制。

17. 晋升流程：

1）各部门需提交拟晋升员工的《人才推荐表》并按表格内容认真填写资料；

2）经各部门两级审批后交人力资源部审核备案；

3）人力资源部协助组织人才评定会，结束后在平台上发布晋升公告；

4）人力资源部将以电子邮件方式发贺信给晋升员工以示祝贺；

5）员工接到晋升通知后，应在指定日期内办妥移交手续，就任新职。

六、核定权限

1）所有员工晋升均按照两级审批制进行：

2）正副经理及以上员工：由分管副总裁 / 总裁审批；

3）业务部门正副主管级员工：由部门负责人审核后，由分管副总裁 / 总裁审批；职能部门正副主管级员工由其上级审核后，部门负责人审批；

4）主管级以下人员：由其直接上级审核后，部门经理审批。

七、生效

18. 本制度自 2020 年 3 月 16 日起施行。

19. 本制度由人力资源部负责解释。

☑《人才推荐表》模板：

人才评定——人才推荐表

一、评估者信息（员工填写）					
姓名		部门		直接上司	
现在职位		拟晋升职位		入职日期	
年龄		学历		毕业院校及专业	
在公司发展经历（含调动/外派/晋升等）					

续表

<table>
<tr><td colspan="9">二、以下内容由推荐人填写</td></tr>
<tr><td colspan="9">1. 最近一年绩效等级评估（在对应等级前打“√”）</td></tr>
<tr><td colspan="9">评估等级：　□杰出　□良好　□需改进　□不可接受</td></tr>
<tr><td colspan="9"></td></tr>
<tr><td colspan="9">2. 能力评估（关键绩效行为及领导力）</td></tr>
<tr><td colspan="9">●一直显示一致的行为　⊖并非一直显示一致的行为　○显示不出一致的行为</td></tr>
<tr><td colspan="9">关键绩效及领导力行为评估（阅读每个能力所“期望的行为”。认真思考员工在“期望的行为”方面所展现的具体表现情况，按说明在下表的每个能力对应处填写）</td></tr>
<tr><td>顾客导向</td><td>目标管理</td><td>人才发展</td><td>团队合作</td><td>有效沟通</td><td>精力</td><td>激励</td><td>决断力</td><td>执行力</td></tr>
<tr><td></td><td></td><td></td><td></td><td></td><td></td><td></td><td></td><td></td></tr>
<tr><td colspan="9">综合评价：
强项：
发展需要：</td></tr>
<tr><td colspan="9">3. 潜力等级定义（综合关键绩效行为及领导力评估结果，对员工潜力按照下述定义给予评估，并在对应等级前打“√”）</td></tr>
<tr><td>□高</td><td colspan="8">可以提高两个或两个以上级别负有重要的责任的领导位置。</td></tr>
<tr><td>□中</td><td colspan="8">可以持续发展到上一级别并能承担更多责任。通常，展示出最关键的能力。</td></tr>
<tr><td>□低</td><td colspan="8">将不超出当前的位置。</td></tr>
<tr><td colspan="9">三、以下内容由部门负责人填写</td></tr>
<tr><td colspan="9">人才评定结论：（在对应代码前打“√”）</td></tr>
<tr><td>□</td><td colspan="8">P0：0–3 个月内可晋升人员。具备相应能力、可考虑立即升迁到符合其发展方向的具有更高职责的职位。</td></tr>
</table>

续表

□	P1：未来一年后可晋升人选。在假定继续发展的情况下，有望在一年后能够胜任或者现在不足以考虑升迁到符合其发展方向的具有更高职责的职位。
□	P2：未来两年左右可晋升人选。在假定继续发展的情况下，有望在两年左右能够胜任或者现在不足以考虑升迁到符合其发展方向的具有更高职责的职位。
综合评语（含发展需求）：	

部门负责人签名：　　　　日期：　　　　分管领导签名：　　　　日期：

☑《人才评定表》模板：

人才评定——人才评定表

候选人信息					
姓名		部门		直接上司	
现在职位		拟晋升职位		入职日期	
1. 工作成果评估（认真思考员工在工作业绩成果方面所展现的具体表现情况给予评定，并在对应等级前打“√”）					
□	4 杰出：工作成果远远超过预期的目标；对所在业务团队和部门的业务成果有杰出贡献。				
□	3 良好：工作成果达到并且有时超过了预期的目标；工作的所有要求均得到满足，所有预期目标均已实现。				
□	2 需改进：工作成果仅达到了部分预期的目标，而未达到所有预期的目标；并且/或者基本工作要求未得到一贯的落实。绩效不能令人满意，尚需改进。				
□	1 不可接受：几乎未达到任何目标，而且基本工作要求未得到落实。绩效必须提高。				

续表

评价:

2. 能力评估(阅读每个能力所“期望的行为”。认真思考员工在“期望的行为”方面所展现的具体表现情况,按说明在下表的每个能力对应处进行填充)

● 一直显示一致的行为　◐ 并非一直显示一致的行为　○ 显示不出一致的行为

顾客导向	目标管理	人才发展	团队合作	有效沟通	精力	激励	决断力	执行力

综合评价:

强项:

发展需要:

3. 潜力等级定义(综合 9 大能力评估结果,对员工潜力按照下述定义给予评估,并在对应等级前打“√”)

□	高:可以提高两个或两个以上级别负有重要的责任的领导位置。
□	中:可以持续发展到上一级别并能承担更多责任。通常,展示出最关键的能力。
□	低:将不超出当前的位置。

4. 人才评定结论:(在对应代码前打“√”)

□	P0:0–3 个月内可晋升人员。具备相应能力、可考虑立即升迁到符合其发展方向的具有更高职责的职位。
□	P1:未来一年后可晋升人选。在假定继续发展的情况下,有望在一年后能够胜任或者现在不足以考虑升迁到符合其发展方向的具有更高职责的职位。
□	P2:未来两年左右可晋升人选。在假定继续发展的情况下,有望在两年左右能够胜任或者现在不足以考虑升迁到符合其发展方向的具有更高职责的职位。

其他补充意见:

评估者签名		评估日期	

1.4　离职管理

员工离职在企业是常见的事情，员工离开企业由于原因不同，分为自愿离职和非自愿离职两种类型。由员工主动要求离开企业称为自愿离职，大多数员工由于工作性质、薪资水平、上级和同事关系等因素对工作产生不满而退出。从员工提出离职申请开始，就有一套完整的流程和书面资料需要填写，以保证离职的顺利进行。离职流程包括：离职申请、离职面谈、工作交接、工作用品移交、社保公积金停止缴纳、开具离职证明等。

以下是离职流程中需要用到的工具模板。

☑《离职须知》模板：

离职须知

致即将离开的小伙伴__________：

十分感谢您在任职期间为公司做出的贡献，您即将离开，公司尊重您的选择，并祝愿您在未来的职业道路上走得越来越好。

以下是公司离职流程及工作交接重点，请仔细阅读并予以积极配合，做好各项离职交接，办理完离职手续！

一、离职申请：

1. 正式提出离职后，与上级沟通好离职时间，并在办公系统发起离职申请；

2. 到人力资源部领取《员工离职申请表》进行填写并提交给部门领导签字；

3. 审批完毕后，人力资源部发放《离职交接表》，员工与各部门进行工作、财产、物品等交接，主要交接部门及内容如下：

交接部门	交接内容
所在部门	工作内容、纸质文档、合同、电子文档等。
其他部门	涉及其他部门的工作交接。
财务部	借支款（备用金/借支）、发票单据、其他财务事宜。
行政部	工服、公司钥匙、电话卡、电脑、文具等。
人力资源部	离职手续、离职证明、是否提取公积金、社保公积金减员。

二、离职交接：

1. 按照工作内容需要，整理好相应的资料并和新接手人进行工作交接；

2. 根据《离职交接表》和相应的部门进行工作交接，确保接手人清楚交接内容并签字确认；

3. 办完全部的离职手续后，将与离职相关的表格交回人事部并领取（离职证明）等资料；

三、后期配合：

1. 退出工作群

您需在办完全部离职手续后第二天，退出公司QQ群、微信群和内部系统工作群。

2. 离职公告

建议伙伴们离职当天可编辑告别信息私发给要好的领导或者同事，做简单的离职告别。

最后，非常感谢您在工作交接时的付出，后续接手人关于工作有什么疑问请您积极配合。

公司全体伙伴也欢迎您常回家看看，很期待以后有机会，我们再成为同事，公司会非常欢迎您的回归！

人力资源部

年　　月　　日

☑《离职原因反馈表》模板：

离职原因反馈表

亲爱的伙伴：

你好！感谢你以往为公司的付出和贡献，对你的即将离开，我们感到非常遗憾。

为了解伙伴离职的真实原因，麻烦你填写以下内容，所有信息，我们都会保密，希望获得你的宝贵意见，感谢支持！

姓名：__________　部门：______________　岗位：______________

电话：__________　入职日期：__________　离职日期：__________

1. 你离职的主要原因是？（请在对应项目“□”打“√”）

人员 □公司没有发展前景（高层领导） □对直接上级不满 □同事协作不佳 / 士气低下 □无法感受到尊重和重视 **全面薪酬** □薪酬福利竞争力问题 □工作认可同薪酬提升不对等 **政策与操作** □公司制度不合理 □绩效评估不公平 □公司缺乏包容性	**工作** □对岗位 / 工作不感兴趣 □工作流程 / 分工不合理 □无法获得成就感 □缺乏资源支持 □创新观点得不到采纳和推行 **机遇** □缺乏职业发展机会 □公司培训无法满足需求 生活质量 □工作量大，影响生活平衡 **其他：**__________

2. 你觉得你所在团队的氛围是你所期望的吗？您所期望的是什么样的？在工作中您和同事合作得怎么样？

3. 过去六个月你参加过哪些培训？你觉得公司提供的培训足够吗？是否能帮到你的实际工作？

4. 如果未来有机会，你是否愿意重新加入我们？

☐是　　☐否

非常感谢你的反馈！希望以后我们保持联系，我们的电话：________邮箱：________，无论你在哪里发展，我们都欢迎你随时跟我们分享近况，更希望未来我们有机会再成为同事，祝愿你一切顺利，合家安康！

☑《员工离职申请表》模板：

员工离职申请表

姓名：______________　　部门：______________　　职位：__________

入职日期：__________　　申请日期：__________

用工状态：☐试用期内　☐试用期满　　离职形式：☐辞职　☐辞退

以下内容由员工个人填写：

离职原因：

续表

个人期望离职日期		签名	

最终离职日期由用人部门与员工沟通后确定。

以下内容由单位填写

用人部门	确认最后工作日：________ 直属上级：______________ 日期：__________________	离职日期：______________ 部门负责人：____________ 日期：__________________
人力资源部	人力资源负责人：__________ 日　　　　期：__________	

备注：1. 最后工作日指最后的上班日，如想在在职期间完成休假的，请确认最终的离职日期。

2. 如提出离职，请尽快按流程审批，将原件交到人力资源部，并在确认的最后离职日前办理完离职手续。

☑《离职交接表》模板：

离职交接表

________________部门__________先生 / 女士：

您将于________年____月____日离开公司，请在 7 天内办理以下手续：

（1）向部门的负责人和交接人移交所有工作相关的文件和未完成事项，并由交接人和部门领导在下面的“交接表”上所对应的事项处打“√”或打“×”及签名证明。（打“√”：已交接完成；打“×”：没有这事项，具体情况在备注注明）。

（2）向公司相关部门归还公司的财物、证件和办公用品，并由相关部门交接人员在下面的“交接表”上所对应的事项处打“√”或打“×”及签名证明。

（3）在相关部门领导签完名后，将此“交接表”交回人力发展部。

<table>
<tr><th>交接部门</th><th colspan="2">交接项目</th><th colspan="2">接收人签字</th></tr>
<tr><td rowspan="8">部门工作交接</td><td rowspan="7">部门资料移交</td><td>□所承担的工作事项</td><td colspan="2" rowspan="5">确认交接完毕
接手人
签字</td></tr>
<tr><td>□合同</td></tr>
<tr><td>□文档等（纸面和电子文档）</td></tr>
<tr><td>□接手人已接收相关资料</td></tr>
<tr><td>□工作交接情况说明（附表一）</td></tr>
<tr><td>□部门负责人资料留底</td><td colspan="2">部门领导
签字</td></tr>
<tr><td>□备注：</td><td colspan="2"></td></tr>
<tr><td colspan="2">温馨提醒：
（1）接手人签字确认，意味着该项工作交接全部完成，接手人对该项工作交接结果负责，移交人所属部门领导负全责。
（2）请确认工作交接结果没问题后在相应的位置签字确认！
（3）请附上详细的工作移交清单。</td><td>部门领导
签字</td><td>确认交接
完毕</td></tr>
<tr><td>其他部门</td><td colspan="2">□其他：</td><td colspan="2">接手人签字：</td></tr>
<tr><td>财务</td><td colspan="2">□借支款（备用金/借支） □发票单据 □其他财务事宜</td><td colspan="2">财务主管签字：
出纳签字：</td></tr>
<tr><td>行政部</td><td colspan="2">□钥匙____条：______ □工服 □手机卡____
□#____工作规范手册 □其他：____________</td><td colspan="2">行政专员
签字：</td></tr>
<tr><td>人事部</td><td colspan="2">□离职证明 □公积金提取申请表
□办公平台注销
□社保公积金及解除合同日期：____年__月__日</td><td colspan="2">人事专员
签字：</td></tr>
</table>

我确认上述交接手续完成，如有任何未尽的工作，我愿意协助解决。同意解除与______公司的劳动关系，所从事的一切活动与公司无关。

离职人员签名：　　　　　　　　　　日期：__________年____月

☑《工作移交清单》模板：

工作移交清单

姓名：　　　　　　　　部门：　　　　　　　　职位：
入职日期：　　　　　　预计离职日期：　　　　填表日期：

序号	工作项目	工作进度	需要跟进/注意事项	电子版资料明细（文件名、编号、放置地址）	数量	纸质版文件明细（文件名、编号、放置地址）	数量	接收人
1								
2								
3								
4								
5								
6								

填表说明：

1. 交接明细接收人接收后，对上述交接的工作事项及相关文件负责。
2. 交接表一式两份，接收人一份，监交人一份。
3. 此表中工作交接未尽事宜，移交人在离职后仍有提供和说明的义务。

移交人：　　　　　　接收人：　　　　　　监交人：
日期：　　　　　　　日期：　　　　　　　日期：

☑《离职证明》模板：

离职证明

兹证明________，身份证号：____________，于________年____月____日入职，任________一职，在劳动合同履行期间因________提出离职，其已于________年____月____日与________正式解除劳动关系，并办妥离职手续且双方均确认没有任何劳动及其他方面纠纷。

特此证明！

（此离职证明一式二份，一份个人留存，一份单位留存）

________公司

人力资源部

年　　月　　日

第二节 | 劳动合同管理

2.1 新签劳动合同

☑《劳动合同 / 劳务协议管理规定》模板：

劳动合同 / 劳务协议管理规定

1. 目的

为了规范公司的劳动合同管理，加强公司与员工双方的约束力量，特制定本管理规定。

2. 适用范围

适用于对公司及其下属单位、关联公司的员工，劳动合同 / 协议的管理等；各分公司根据实际情况参照修订。

3. 术语、定义及缩写

无。

4. 制度涉及部门及职责

4.1 责任部门

人力资源部负责员工劳动合同 / 劳务协议签订 / 解除等。

4.2　协助部门

各部门负责人负责与员工沟通、协调劳动合同 / 劳务协议签订 / 解除等相关事宜。

5. 管理要求

5.1　管理原则

规范劳动用工秩序，全面实施劳动合同制度，维护劳动者和用人单位双方的合法权益。

5.2　劳动合同

5.2.1　劳动合同的管理

员工与公司签订劳动合同时，必须是达到用工年龄且未达到退休年龄并与其他用人单位合法解除或终止了劳动关系，人事档案转出原工作单位，并终止在原单位所属地区及其他地区的社保经办机构购买社会保险。

员工与公司签订劳动合同时，须提供离职证明或就业失业证原件（或依据当地政策提交相关证件），并签署书面的劳动关系确认函。

5.2.2　劳动合同的签订

A、公司与员工建立劳动关系后，审核员工所提供的劳动关系证明材料，并自用工之日起一个月内与符合签订劳动合同的员工订立书面的劳动合同，不符合签订劳动合同的员工将自用工之日起一个月内与之签订劳务协议。

B、公司一般与员工签订三年期限劳动合同，试用期为 3 个月，试用期包含在劳动合同期限内。劳动合同期限的约定如有其他情况，在不违反劳动合同法的前提下由公司与员工协商一致，订立其他期限的劳动合同。

C、劳动合同期届满时，如公司与员工双方有续约意愿，则根据劳动合同法与公司的相关规定续签合同。连续订立二次固定期限劳动合同，员工再续签劳动合同时，符合续签条件的员工，提出或同意续订劳动合同的，公司与之订立无固定期限劳动合同。

D、公司与员工订立劳动合同后并交齐用工资料按当地政策购买社保及公积金。

5.2.3　劳动合同的解除、变更、终止

A、劳动合同的解除

试用期内，公司可提前一周（员工可提前三天）提出解除劳动关系；如属公司向员工提出解除劳动合同的，公司应当依据有关劳动合同法的规定向员工清楚地说明理由。

试用期后：

a. 任何一方提出解除劳动关系，需提前三十天书面知会对方，并按合同的约定承担有关责任。

b. 双方中任何一方因违反合同中的条款而另一方提出解除劳动合同，则不受提前通知的制约。

c. 凡未经批准擅自休假或旷工达三天的员工，被视为擅自离职，公司可解除劳动合同而不需承担任何责任。

d. 员工严重违反公司规章制度或劳动纪律或严重失职，公司将按规定解除劳动合同，不受提前通知的制约和不负赔偿责任。

e. 员工被证实不能胜任工作，经调整工作岗位或培训后仍不能胜任的；或患病或非因工负伤，在规定的医疗期满后，不能从事原工作也不能从事由公司另行安排的其他工作；或因客观原因导致合同无法履行，经协商未达成一致的。以上情况可解除劳动合同，按劳动法的补偿规定执行。

B、劳动合同的变更

变更劳动合同，双方应当签订《变更劳动合同协议书》。下列情况之一可变更劳动合同：经双方协商同意；所依据的法律、法规已经修改或失效；客观情况发生重大变化而使原合同部分条款无法履行等。

当事人变更劳动合同，应书面通知对方，被通知方七天内不作书面答复或与通知方协商，则视为同意。

公司易薪易岗的原则调整上述人员的劳动报酬。

C、劳动合同的终止

劳动合同期限届满，则为劳动合同终止。人力资源部将以书面的形式向员工及用人部门征询续签劳动合同的意向。如双方都同意续签，则续签劳动合同。

D、终止或解除劳动关系后办理离职的手续

a. 离职者填写“离职交接表”，做好相关的清算和交接，双方签名；如有财务遗失视情况予以赔偿。

b. 交“离职交接表”到人力资源部 / 处，确认双方劳动关系终止，领取离职证明等。

c. 未按规定程序办理离职手续的员工，若公司能够证明员工没有按时移交工作或移交工作存在漏洞的，公司有权利拒绝结算工资及支付相关的补偿，直至工作交接完毕。

d. 离职前不按上述规定办妥离职手续，将视作自动离职处理。

e. 如果是员工主动提出解除劳动合同的，当月未能及时办理社保和住房公积金的停购手续，由离职员工个人承担该月社保及住房公积金的全部费用。

f. 因工作需要跨地区工作的，若出现离职情况的，员工需在当地办理完工作交接手续，同时返回原工作地区办理其他后续手续。

5.3　劳务协议

5.3.1　劳务协议的管理

公司聘用的人员已退休或与其他用人单位仍保留合法的劳动关系，根据有关的劳动政策法规规定无法与公司签订劳动合同。以上情况经双方协商一致，公司与之签订劳务协议，建立劳务关系。

5.3.2　签订劳务协议的人员范围及提交的证明材料

A、员工在公司工作达到退休年龄时，双方如有继续保留聘用关系的意愿，则员工办理相关的退休手续，领取退休证后，提交退休证复印件，签署书面的个人声明。

B、公司新聘用的已退休的人员，提交退休证复印件，签署书面的个人声明。

C、公司聘用的人员与其他用人单位仍保留合法的劳动关系的，提交在职证明，签署书面的个人声明。

5.3.3 劳务协议的签订

A、公司确认与符合雇用条件的人员建立劳务关系后，审核其所提供的劳动关系证明材料，并自用工之日起一个月内与其订立书面的劳务协议。

B、劳务协议期限一般为一年至三年期，试用期为一个月至三个月，试用期包含在劳务协议期限内。劳务协议期限的约定如有其他情况，在不违反有关劳动政策法规的前提下由公司与聘用人员协商一致，订立其他期限的劳务协议。

C、劳务协议期届满时，如公司与聘用人员双方有续约意愿，则根据相关的劳动政策法规规定续签协议。

D、公司与签订劳务协议的相关聘用人员，根据相关劳动政策法规的规定将不再为之购买社会保险，聘用人员可自由选择是否由公司代理购买住房公积金。

5.3.4 劳务协议的解除、变更、终止

A、劳务协议的解除

试用期内，聘用双方均可提前一周提出解除聘用关系，不需负违约责任。

试用期后的合同期内：

a. 任何一方提出解除聘用关系，需提前三十天书面知会对方，并按协议的约定承担有关责任。

b. 双方中任何一方因违反协议中的条款而另一方提出解除劳务协议，

则不受提前通知的制约（如企业违约，员工提出解除劳务协议，企业仍要负赔偿责任）。

c. 凡未经批准擅自休假或旷工达三天的聘用人员，被视为擅自离职，公司可解除聘用而不需承担任何责任。

d. 被聘用者严重违反公司的相关规章制度、劳动纪律或在工作中出现严重失职，公司将按规定给予违纪解聘，不受提前通知的制约和不负赔偿责任。

e. 员工被证实不能胜任工作，经调整工作岗位或培训后仍不能胜任的；或患病或非因工负伤，在规定的医疗期满后，不能从事原工作也不能从事由公司另行安排的其他工作；或因客观原因导致合同无法履行，经协商未达成一致的。以上情况可解除劳务协议。

B、劳务协议的变更

变更劳务协议，双方协商一致，重新订立新的劳务协议，原劳务协议同时失效。下列情况之一可变更劳务协议：经双方协商同意；所依据的法律、法规已经修改或失效；客观情况发生重大变化而使原协议部分条款无法履行等。

当事人变更劳务协议，应书面通知对方，被通知方七天内不作书面答复或与通知方协商，则视为同意。

公司在易岗易薪的原则调整上述人员的劳动报酬。

a. 劳务协议的终止

劳务协议期限届满，则为劳务终止。公司确定对聘用的续约意向后，以书面的形式向员工征询续签劳务协议意向，双方达成一致，续签新的劳务协议。

b. 终止或解除劳务协议后办理离职的手续

a）离职者填写“离职交接表”，做好相关的清算和交接，双方签名；如有财务遗失视情况予以赔偿。

b）交“离职交接表”到人力资源部/处，确认双方劳动关系终止，领取离职证明等。

c）未按规定程序办理离职手续的员工，若公司能够证明员工没有按时移交工作或移交工作存在漏洞的，公司有权利拒绝结算工资及支付相关的补偿，直至工作交接完毕。

d）离职前不按上述规定办妥离职手续，将视作自动离职处理。

e）因工作需要跨地区工作的，若出现离职情况的，员工需在当地办理完工作交接手续，同时返回原工作地区办理其他后续手续。

2.2 续签劳动合同

☑《续签劳动合同意向征询书》模板：

续签劳动合同意向征询书

____________员工

您与________公司签订的劳动合同将于________年____月____日期满。现公司有意向与您续签________年劳动合同，工作岗位为________________，薪酬福利待遇保证不低于现有水平。请在回执表上填写自己续签（终止）合同的意向，于________年____月____日前交回人力资源部。如逾期未交回，公司视作本人不同意续签，且自劳动合同到期之日起自动终止劳动关系。

人力资源部：　　　　　　　　　　　　　年　　月　　日

签收人：　　　　　　　　签收日期：　　年　　月　　日

员工续签或终止意向回执单

意向一：（如同意续签，请在此项签字）

本人同意续签劳动合同

员工本人签名：　　　　　　　　日期：　　　　年　　月　　日

意向二：（如不同意续签，请在此项签字）

本人不同意续签劳动合同

理由是____

____

员工本人签名：　　　　　　　　日期：　　　　年　　月　　日

2.3　变更劳动合同

☑《变更劳动合同协议书》模板：

变更劳动合同协议书

甲、乙双方遵循合法、公平、平等自愿、协商一致、诚实信用原则，同意对本合同作以下变更：

____

____

____

____

____

____

____

____

甲方:(盖章)　　　　　　　　　　乙方:(签名)

法定代表人:

(或委托代理人)

年　月　日　　　　　　　　　　年　月　日

2.4　终止劳动合同

☑《终止劳动关系通知书》模板:

终止劳动关系通知书

__________先生 / 女士

您与_______公司_______年___月___日签订劳动合同于_______年___月_______日履行期满，经研究决定，劳动合同期满后不再与您续签，请于_______年___月___日前来单位办理终止劳动关系手续，逾期不办，因此造成一切法律后果由个人自负。

签发人:　　　　　　　　　　日期:

员工签名:　　　　　　　　　日期:

☑《终止劳动合同协议书》模板：

终止劳动合同协议书

甲方：

乙方：____________________　身份证号码：____________________

住址：____

甲、乙双方劳动合同期限于________年____月____日届满，甲、乙双方遵循平等自愿原则，经双方协商一致，就终止甲、乙双方劳动关系达成如下协议：

一、甲、乙双方劳动关系于________年____月____日终止，自________年____月____日起，甲方不再承担乙方的社会保险、住房公积金等费用。

二、甲方根据《劳动合同法》的规定，于________年____月____日前支付经济补偿金人民币________元。（月工资计算标准按乙方与甲方解除劳动合同前的12个月的平均工资）

三、乙方应积极配合甲方人员完成相关工作交接。未经甲方许可，乙方在离职后不得披露、使用或者允许他人使用在职期间所知悉或掌握的甲方的商业秘密，如果因此造成甲方负面影响的，甲方保留法律追偿的权利。

四、为保护甲、乙双方的利益和声誉不受损害，任何一方不得将本协议的内容泄露给第三方，不得组织和参与有损对方利益的行为。

五、除本协议约定的内容外，甲、乙双方对其他任何劳动关系事项（包括但不限于工资及加班工资、各项社会保险、住房公积金、其他福利待遇、经济补偿金、赔偿金等）不存在任何争议，乙方不得就上述其他劳动关系事项以任何形式（包括但不限于申请仲裁或向法院提起诉讼或通过劳动行政部门及其他机构）向甲方主张任何权利和法律责任。

六、本协议一式两份，自双方签字或盖章之日起生效，具有同等法律效力，双方各执一份。

甲方（盖章）：　　　　　　　　　　乙方（签名）：

年　　月　　日　　　　　　　　　　年　　月　　日

☑《协商解除劳动合同协议书》模板：

协商解除劳动合同协议书

甲　　方：
通讯地址：
联系方式：
乙　　方（员工）：　　　　　　　　身份证号：
通信地址：
联系电话：
电子邮箱：

甲、乙双方于________年____月____日签订了固定期限劳动合同，经甲、乙双方协商一致，协商解除劳动合同，并达成如下协议：

一、甲、乙双方同意并确认：双方之间的劳动合同于________年____月____日解除。

二、经双方协商一致后同意由甲方按照乙方在我司工龄，一次性支付乙方相当于________个月工资________元（大写________整）整作为甲方给予乙方的解除劳动合同的经济补偿金。经济补偿金和________月工资将于________年____月____日一起发放。

三、离职与交接

（一）双方确认，乙方应于________年____月____日前按甲方要求办理完结工作交接和离职手续。

（二）甲方为乙方缴纳社保公积金截至________年____月止。

四、乙方在此明确且不可撤销地表示：

（一）乙方确认其在劳动关系存续期间所有问题（含劳动报酬、社保公积金、经济补偿金、产假等）已处理完毕，不存在其他争议或未决事项。乙方不得以任何形式（包括不限于仲裁、诉讼、索赔、投诉、申诉等形式）再向甲方（及／或其任何关联方）提出任何争议或主张。

（二）乙方保证对其在甲方任职期间所知悉的甲方商业秘密（包括但不限于技术秘密、经营秘密、管理秘密）承担保密义务，该保密义务不因乙方离职而消除；乙方承诺在离职后，不得做出任何有损甲方名誉或利益之行为。

五、双方确认：本协议内容是甲、乙双方在平等、自愿协商的基础上形成，并已兼顾各方利益；甲、乙双方均完全知悉协议内容以及各自的法定权利和义务，不存在欺诈、胁迫或者趁人之危之情形，也不存在重大误解或者显失公平的情形。

六、通知与送达

在本协议履行过程中，任何一方向对方发出或者提供的所有通知、文件、文书、资料等，均可以当面交付或以本协议所列明的对方的联系方式（通信地址、电子邮箱、传真方式等）履行送达义务。本协议载明的通信地址可作为司法文书送达地址。

如有上述通信地址、电子邮箱、传真等方式发生变化的，变更方应及时书面通知另一方。在另一方收到有关变更通知之前，另一方根据变更前的信息所做出的联络和通信应视为有效。

七、争议解决

因本协议而引起的纠纷，各方应友好协商解决。协商解决不成的，任何一方均有权向甲方所在地人民法院提起诉讼（属于劳动争议的，应先向甲方所在地劳动争议仲裁机构提起劳动仲裁），以解决争议。

八、其他

本协议一式两份，由甲、乙双方签字（或盖章）之日起生效，甲乙双方各持一份，具有同等法律效力。

甲方（盖章）：　　　　　　　　　　乙方（签字）：

代表人（签字）：

　　　　年　　月　　日　　　　　　　　年　　月　　日

2.5　其他人员协议

☑《退休返聘合同书》模板：

退休返聘合同书

甲方：

法定代表人：

通信地址：

乙方：

身份证号：

联系电话：

甲、乙双方根据相关法律法规和政策的规定，经平等协商一致，订立本合同，共同遵守。

一、聘任职务及工作地点

1. 甲方聘任乙方担任__________________职务。

2. 乙方工作地点：____。

二、合同期限及报酬

1. 合同期限自________年____月____日至________年____月____日；其中试用期为____个月，从________年____月____日至________年____月____日止。试用期满，经考核符合甲方用人条件，则转为正式聘用。

2. 基本报酬及工作时间（以下形式选其一种，试用期按 80% 计发）

A、月基本报酬为________元：每天工作____小时，每周工作____天；

B、日基本报酬为________元：每天工作____小时，每周工作____天；

C、日基本报酬为________元：每天工作____小时，每月由甲方根据实际需要安排出勤天数。

3. 其他报酬（包括职务补贴、奖金等）按甲方的现行标准执行。

4. 甲方不负责乙方的社会保险和住房公积金。

三、甲方的责权

1. 根据乙方的年龄和身体状况，合理安排乙方工作，注意劳逸结合。

2. 为乙方提供必要的工作条件，并对乙方的工作过程实施管理。

3. 负责提供有关的工作信息、资料，在乙方遵守甲方工作要求和管理等方面的整体要求下，保障乙方的工作自主权。

4. 基本报酬和其他报酬每月发放，发放时间为每月____日，如遇特殊情况，推迟时间不超过____天，足额发放。

四、乙方的责权

1. 遵守甲方的各项规章制度，接受甲方领导和监督，服从工作安排，按时、按质、按量完成甲方指派的任务。

2. 维护甲方利益，团结同事，不做有损甲方声誉、利益的事情，保持良好的职业道德和操守。形成良好的团队精神。

3. 乙方在合同期内，接受其他单位或个人聘请兼职，需获得甲方的同意。

4. 乙方在合同期内为甲方创造的所有工作成果、著作版权等均归甲方所有。

5. 遵守甲方的作息时间和劳动纪律，工作时间不得擅离职守，请假需经批准。

6. 到岗时须经体检确认身体健康。

五、其他约定

1. 甲方或乙方单方面提出解除合同，在试用期内，须提前一周通知对方，转正后，须提前一个月向对方提出书面申请，否则要承担相关法律责任。

2. 因乙方屡次违反甲方的有关规定或因工作效果评估达不到要求，甲方有权调整乙方的工作岗位，如乙方仍不改正或不能胜任，甲方可解除合同并不需受上述第 1 条的限制。

3. 乙方在合同期间患病或非因工负伤，所产生的医疗费用自理；乙方因此无法继续履行本合同的，本合同自行终止。

4. 乙方合同期间发生符合《广东省社会工伤保险条例》规定的工伤事故，所产生的医疗费用先由乙方的退休单位或社保报销，在工伤保险待遇范围内余额由甲方负责；乙方因此无法继续履行本合同的，本合同自行终止。

5. 因本合同引起的或与本合同有关的任何争议，双方同意提请合同签署地仲裁委员会进行仲裁，裁决为终局裁决，对双方均有约束力。

6. 本合同由甲、乙双方签署后即生效。本合同一式二份，甲、乙双方各执一份。补充条款作为本合同的附件，一并生效。

7. 其他未尽事宜，双方协商解决。

8. 补充条款：____

____

____

____。

甲方：　　　　　　　　　　　　乙方：

法人代表（委托人）：__________

日期：________年____月____日　　日期：________年____月____日

☑《劳务协议》模板：

劳务协议

甲方：

法定代表人：

通信地址：

乙方：

身份证号：

通信地址：

联系电话：

甲、乙双方经平等协商一致，自愿签订本劳务协议，共同遵守。

第一条　劳务内容

因甲方的发展需要，甲方聘用乙方在________岗位工作，工作地点______________________。

第二条　协议期限及工作时间

1. 本协议有效期为________年，于________年____月____日生效至________年____月____日止；其中试用期为____个月，从____年____月____日至________年____月____日止。试用期满，经考核符合甲方用人条件，则转为正式聘用。

2. 工作时间：每天工作____小时，每周工作____天（或每天工作____小时，每月由甲方根据实际需要安排出勤天数）。

第三条　劳务报酬

1. 月基本劳务报酬为￥__________元；试用期劳务报酬为￥__________元（或日基本劳务报酬为____元）。

2. 其他报酬（包括职务补贴、奖金等）按甲方的现行标准执行。

3. 甲方不负责乙方的社会保险金和住房公积金。

第四条　甲方的责权

1. 根据业务发展和工作的需要，有权安排和调整乙方的具体工作。

2. 为乙方提供必要的工作条件，并对乙方的工作过程实施管理。

3. 负责提供有关的工作信息、资料，在乙方遵守甲方工作要求和管理等方面的整体要求下，保障乙方的教学自主权。

4. 基本报酬和其他报酬每月发放，发放时间为每月____日，如遇特殊情况，推迟时间不超过____天，足额发放。

第五条　乙方的责权

1. 遵守甲方的各项规章制度，接受甲方领导和监督，服从工作安排，按时、按质、按量完成甲方指派的任务。

2. 维护甲方利益，团结同事，不做有损甲方声誉、利益的事情，保持良好的职业道德和操守。形成良好的团队精神。

3. 乙方在协议期内，不得接受其他单位或个人聘请兼职。

4. 乙方在合同期内利用甲方资源创造的所有工作成果、著作版权等均归甲方所有。

5. 遵守甲方的作息时间和劳动纪律，工作时间不得擅离职守，请假需经批准。

6. 到岗时须经体检确认身体健康。

第六条　协议的解除与终止

1. 甲方或乙方单方面提出解除协议，在试用期内，须提前一周通知对方；转正后，须提前一个月向对方提出书面申请，否则要承担相关法律责任。

2. 乙方未能遵守上述第五条的第 1、2、3、5 项其中一项的，甲方可解除协议并不需受上述第 1 项的限制。

3. 因乙方屡次违反甲方的有关规定或因工作效果评估达不到要求，甲方有权调整乙方岗位，如乙方仍不改正或不能胜任，甲方可解除协议并不需受上述第 1 项的限制。

4. 乙方在协议期间患病或非因工负伤，所产生的医疗费用自理；乙方因此无法继续履行本协议的，本协议自行终止。

5. 乙方在协议期间发生符合《广东省社会工伤保险条例》规定的工伤事故，所产生的医疗费用先由乙方保留关系的原单位或社保报销，在工伤保险待遇范围内余额由甲方负责；乙方因此无法继续履行本协议的，本协议自行终止。

第七条　本协议解除或终止后，乙方应在一周内将有关工作向甲方移交完毕，并附书面说明；如给甲方造成损失，应予赔偿。

第八条　依据本协议第六条约定解除或终止本协议，双方互不支付违约金。

第九条　因本协议引起的或与本协议有关的任何争议，双方同意提请合同签署地仲裁委员会进行仲裁。裁决为终局裁决，对双方均有约束力。

第十条　本协议一式两份，甲、乙双方各执一份。

第十一条　其他未尽事宜，双方协商解决。

甲方：　　　　　　　　　　　　乙方：

法人代表（委托人）：________

日期：________年____月____日　　日期：________年____月____日

☑ 公司与外派员工签署的《外派工作协议》模板：

外派工作协议

甲方（单位）：

地　　址：

乙方（员工）：

身份证号：

联系电话：

第一条　外派协议期限

自______________至______________止。

第二条　工作内容

乙方在外派期内由甲方派往__________，工作岗位为____________。工作内容由所派往的单位负责安排，乙方愿意服从。

第三条　薪资及相关待遇

（一）薪酬：

1. 根据公司的工资标准，拟定外派期间保底月均收入为________元。这项激励主要是为补偿所派往单位所在地生活消费物价差异及异地工作造成的各种不便。

2. 为了简化工资计算，月工资结构组成为：岗位工资________元，绩效工资________元，绩效奖金按照当地薪酬制度计发，外派补贴________元；每三个月进行一次保底工资核算，如果总额未达到保底工资额（即________×3），将在次月工资中补发差额部分；若超出保底工资，则按实际发放。

3. 外派当月发放一次性安置补贴________元。

4. 每月工资在公司总部进行发放，社保、住房公积金也在公司总部进行购买。

（二）其他福利待遇：

详见"员工外派福利清单"

（三）薪酬及待遇在协议期满回调时终止或调整。若协议期满后，乙方申请继续留在外派单位工作的，经与甲方协商一致，乙方可办理人事调动手续，与外派单位另建劳动关系，相关待遇按当地标准执行。

第四条　甲方的责、权、利

1. 所派往的单位为乙方提供乙方所承担工作必需的工作条件；

2. 要求乙方遵守国家法律法规和所派往单位的工作规定；

3. 负责对乙方违反甲方和所派往单位工作规定的行为作出相应处理。

第五条　乙方的责、权、利

1. 遵守国家法律法规及甲方和所派往单位的各项工作规定；

2. 维护甲方及所派往单位的声誉及正当利益，如造成损害或经济损失，乙方应承担相应责任。

第六条　协议的变更

1. 协议有效期内，任何一方情况发生变化，需要变更协议时，应书面送达另一方，另一方应在 15 日内作出书面答复；

2. 双方协商一致，方可变更协议有关内容，变更后的协议或协议附件由双方签字有效；

3. 双方协商不一致，本协议即行解除。

第七条　违约责任

1. 甲方违反本协议给乙方造成损失的，应按乙方受损情况赔偿；

2. 乙方在协议期内擅自离职的，应赔偿甲方的经济损失。

第八条　其他

本协议一式两份，甲、乙双方各执一份，具有同等效力，经甲、乙双方签章生效。

甲方（盖章）：　　　　　　　　　　乙方：

日期：________年____月____日　　日期：________年____月____日

员工外派福利清单

（由派出地 HR 填写）

外派人员：　　　　　　　　　　填表人：　　　　　　填表日期：

福利项目	现　状	外　派	备　注
基本月薪工资 ×12（RMB）			
外派补贴 ×12（RMB）			
公司公积金			

续表

福利项目	现　状	外　派	备　注
公司社会保险			
探亲交通费			
补充医疗保险			
车辆补贴			
通信补贴			
交通补贴			
住宿补贴			
一次性安置补贴			
工资发放地			
福利发放地			
其他福利			
年外派成本预估			

单位负责人（原单位） 年　月　日	HR（原单位） 年　月　日	公司总部 HR 年　月　日
单位负责人（新单位） 年　月　日	HR（新单位） 年　月　日	分管总裁（适用经理级以上外派） 年　月　日

备注：本清单一式两份，另一份用于员工签署外派协议时作为附件。

说明：1）公司保留全部因公司需要而提前中止该外派协议的权利。

2）上述所有补贴、费用项目仅适用于外派期间，外派期满或中止自动取消。

3）对于外派期间有晋升或调薪的员工，由当年其所在的绩效排序的部门提出经审批后执行；外派半年以内员工原则上应与外派前部门主管（或外派后新部门主管）共同协商确定经审批后执行。

4）对于外派/调动期间有职位晋升的员工，在返回原单位时，公司提供的职位不低于外派前的职位。

第三节 ┃ 企业劳动关系管理

3.1 员工奖惩管理

公司的奖惩管理机制是塑造员工行为的手段之一。公司奖励什么就是倡导员工多发生类似行为；公司惩罚什么就是杜绝类似不良行为的发生。通过奖励或惩罚员工的某些行为，就如一面镜子，为其他员工树立标准。员工违纪，需要有流程和工具支撑，才能在管理机制中起到积极作用。

☑《员工奖惩制度》模板：

员工奖惩制度

一、总则

1. 为严明纪律，奖励先进，处罚落后，调动员工积极性，提高工作效率和公司经营效益，制定本制度。

2. 对员工的奖惩实行精神奖励和物质奖励相结合，以精神奖励和思想教育为主。

3. 本制度适用于公司全体员工。

二、奖励

（一）对下列表现之一的员工给予奖励：

1. 严格遵守公司规章制度，对工作负责，工作突出。

2. 提出合理化建议，对提升管理效益贡献显著，对公司效率的提升有明显帮助。

3. 敢于举报损害公司利益的行为，事迹突出。

4. 发挥团队协助精神，积极帮助团队成员发展，事迹突出。

5. 超额完成工作绩效，工作中零差错，给公司带来显著的经济效益。

6. 全心全意为客户服务，获得客户高度赞扬，为公司树立良好形象。

7. 为国家、社会做出贡献，对提升公司声誉有特别突出事迹。

8. 有上述相当贡献的，公司领导给予多次认可的。

（二）奖励方式：

1. 在公司大会或部门会议上进行表扬和嘉奖；

2. 一次性奖金或奖品奖励；

3. 给以特别晋升和调薪。

（三）奖励流程：

1. 员工自荐或部门负责人推荐；

2. 提交分管总裁审批，人力资源部复核；

3. 人力资源部实施具体奖励。

三、处罚

（一）违纪行为的种类

违纪处分分为三类：

1. 口头警告；

2. 书面警告；

3. 解除劳动合同。

（二）违纪行为处罚标准

1. 口头警告的违纪行为：员工存在过失，并已造成不良影响。但不涉及诚实、不对公司构成威胁，以及不对他人安全造成伤害。

包括但不限于以下：

1）一个月内迟到或早退超过 3 次，且累计超过 40 分钟或一次超过 30 分钟；在上班时间内擅离岗位或单位达 30 分钟。

2）上班无故不按指纹或不打卡，一个月内累计二次，按迟到或早退一次处理；累计三次，按迟到或早退二次处理，之后，每增加一次无故不按指纹或不打卡，则增加一次迟到或早退。

3）在工作场所吵架、喧哗，影响正常工作秩序，造成不良影响。

4）浪费水电、办公用品，非因工作需要占用公司电话超过 15 分钟，情节轻微。

5）乱丢杂物，随地吐痰，在禁烟区吸烟，破坏工作场所环境卫生。

6）不按公司的要求着装及佩带员工证。

7）上班时间睡觉、聊天，做与工作无关的事：如长时间浏览与公司业务无关的网站，或阅读与工作无关的刊物，或到其他部门闲逛等。

8）未经批准随意翻查其他岗位的文件、资料等。

9）未经部门负责人同意擅自变更工作时间。

10）不服从主管人员合理指导，情节轻微。

11）因个人过失导致工作发生错误，给单位造成直接经济损失 1000 元以下。

12）对客户或工作伙伴有不礼貌或不尊重的行为举止，情节轻微。

13）未经允许带亲戚、朋友进入公司办公场所，影响公司正常运作。

14）利用公司电脑发送垃圾邮件、连环邮件或与公司业务无关的邮件，造成不良影响。

15）非工作需要，下班后或休息日在办公室逗留，影响其他员工正常工作。

16）因个人过失导致工作发生轻微错误，情节轻微。

17）其他轻度过失行为。

2. 书面警告的违纪行为：员工存在过失，并已造成不良影响，已对公司运作构成一定的威胁，对员工及他人的安全构成一定危害。

包括但不限于以下：

1）一年内重复发生口头警告违纪处分行为 2 次或以上者。

2）挑拨离间、制造事非，或发表诽谤、侮辱性言论，影响公司、客户或其他员工声誉。

3）玩忽职守，违反技术操作和安全规程，违章指挥或隐瞒工作过失，但未造成事故或严重损失；没有及时报告事故。

4）未经批准擅自休假或旷工达 2 天以内（一个月内迟到或早退超过 6 次，且累计超过 120 分钟或一次超过 60 分钟，或在上班时间内擅离岗位或单位达 60 分钟的，作旷工半天处理；一个月内迟到或早退累计超过 240 分钟或一次超过 120 分钟，或在上班时间内擅离岗位或单位达 120 分钟的，作旷工 1 天处理）。

5）本人不在单位，由他人代考勤，违规一次，除扣减 50 元绩效工资外，双方均按迟到或早退一次处理。

6）私自挪用公物或丢失公司财物。

7）涂改、伪造各类工作记录，或有意隐瞒事实、虚报事实。

8）对下属违纪行为疏于管理，不向上级汇报。

9）服务态度恶劣，遭到学生家长合理投诉并经查实。

10）因个人过错，给单位造成直接经济损失 1000—2000 元。

11）工作期间饮酒或从事个人工作。

12）在公司内进行不正当竞争，恶意破坏、剽窃、丢失他人工作成果。

13）拒绝执行主管的合理指示或工作安排，影响公司的工作流程不能正常进行。

14）其他较重过失行为。

3. 解除劳动合同的违纪行为：指严重威胁公司的安全及运作，给单位造成重大伤害或出现不能容忍的行为。

包括但不限于以下：

1）一年内重复发生书面警告违纪处分行为2次或以上。

2）一年内累计收到2张书面警告（2张口头警告等同于一张书面警告）。

3）玩忽职守，违反技术操作规程和安全规程，违章指挥或隐瞒过失，造成事故或损失达2000元以上。

4）故意损耗或损坏设备、工具等财物造成经济损失2000元及以上。

5）泄露公司机密，违反保密协议，给公司造成重大损失。

6）伪造申请或提供不真实的资料，欺骗性请求休息或假称生病欺骗性缺席。

7）于受聘时虚报资料，使本公司误信而遭受损害。

8）擅自携带违禁品、危险品、易燃物品进入工作场所。

9）虽到下班时间，但接班者未到岗而擅自下班。

10）凡未经批准擅自休假或旷工达3天及以上的员工，被视为擅自离职，公司有权即时解除劳动关系而不需承担任何责任。

11）不服从工作安排，不服从上级指挥，或故意拖延执行上级指示。

12）未经公司许可，在其他单位兼职或从事公司以外的工作。

13）在公司客户、供应商或竞争对手中兼职或进行投资。

14）未经同意，擅自以公司名义在外从事任何活动，包括代表公司发言，或用用户论坛、博客、聊天室和公告板等方式给人造成其代表公司发言印象，严重危害公司的声誉或利益。

15）煽动他人妨碍公司正常经营活动。

16）工作时间饮酒、饮酒滋事、聚众赌博。

17）在公司内斗殴，威胁或伤害公司内任何人士。

18）对工作伙伴产生性骚扰，包括：不受欢迎的手势或身体接触，或显示色情或冒犯性图片或其他内容，或黄色冒犯性玩笑或言论，无论明示或暗示。

19）未按公司规定，私自收受、占有折扣费、中介费、回扣、佣金、礼金等。

20）利用职务或职权，不正当地收受钱财或谋求个人私利。

21）侵吞、盗取或挪用公司财物或在公司内盗窃其他员工财物。

22）以任何手段侵占公司财务（如伪造或需填报销单、收据等）。

23）不全额支付或未得到正常的批准擅自拿取或赠送公司的礼品或财产给他人。

24）未经批准挪用公司的钱财或不及时将公司的钱放入保险柜或安全的地方。

25）在工作以外刑事犯罪，不论这罪行是否与其工作有关，公司保留终止聘用该员工的权利。在犯罪审查过程中，公司保留在审判结束之前暂停支付其薪金的权利，一旦收审或被捕，公司有权将其除名。

26）触犯国家法律、法规被有关部门依法惩处。

27）其他严重过失行为。

（三）违纪处分程序

1. 口头警告

员工犯轻度违纪，应由直属主管对其执行口头警告。

处分流程：①直接主管填写《口头警告书》；②交部门负责人审批；③ HR 复核；④再交员工签名确认；⑤ HR 存档。

2. 书面警告

视情节轻重，处以严重警告、调岗、降职，因过错行为造成公司损失的，应承担相应的赔偿责任。

处分流程：①由其直属主管就员工违纪行为进行面谈，面谈后填写《会谈沟通记录表》；②直接主管填写《书面警告》；③交部门负责人审批；④ HR 复核；⑤再交员工签名确认；⑥ HR 存档。

3. 解除劳动合同

员工犯严重过失，其直属主管可会同人力资源部门共同执行与其解除劳动合同事宜。同时不受提前通知的制约和不负赔款责任。因过错行为造成公司损失的应承担相应的赔偿责任。

非解除劳动合同的违纪处罚之后，不论何时再犯有解除劳动合同的违纪行为的，一律解除劳动合同。

处分流程：①直接主管与员工面谈并有会谈沟通记录及签名；②直接主管填写《解除劳动合同通知书》（内部审批版）；③经理级以上负责人审核；④人力资源处调查核实情况后，出具盖有公章的《解除劳动合同通知书》（通知员工版）一式二份；⑤一周内送达《解除劳动合同通知书》（通知员工版）交至用人部门直接主管，让员工签字确认；⑥一份给员工，一份 HR 留存。

在员工违纪时，很多公司会采用一次次面谈来解决问题，到最后忍无可忍想解雇员工时，员工不承认自己违纪，而管理者也发现没有纸质资料可以证明员工违纪，以致于解雇员工成了一件麻烦事。因此，在员工出现违纪行为时，我们需要及时处理并且有书面资料留存，避免劳动纠纷风险。以下是违纪处理过程中常用到的表格工具模板。

☑《口头警告》模板：

口头警告

发出日期（年/月/日）:	
受口头警告之员工:	
部门:	
职务:	

违纪事实: 引用条款:

记录人:	
用人部门 姓名: 职务:	人力资源部门 姓名: 职务:

*记录人应为被口头警告员工的主管上司及人力资源部门代表。

我同意接受这次口头警告。

员工签名: ______________ 日期:

证明人签名: ____________ 日期:

☑《书面警告》模板：

书面警告

发出日期（年/月/日）:	
被警告员工:	
部门:	
职务:	

违纪事实: 引用条款:

记录人:	
用人部门 姓名: 职务:	人力资源部门 姓名: 职务:

*签发人应为被书面警告员工的主管上司\部门负责人及人力资源部门代表。

员工确认:

员工签名: ____________　　　　日期:

证明人签名: ____________　　　　日期:

☑《事件陈述表》模板：

事件陈述表

陈述人姓名：__________　入职日期：__________　目前职位：__________
所在部门：__________　直属主管：__________　部门负责人：__________
事件地点：__________　陈述时间：__________　证明人：__________

本人承诺以下反映内容属实！

____

____

____

____

____

____

____

____

____

____

____

____

____

____

____

陈述人签名：____________________　日期：____________________

☑《会谈沟通记录》模板：

会谈沟通记录

访谈日期：__________　　被访人姓名：____________　　目前职位：__________
访员姓名：__________　　目前职位：______________　　记录人姓名：________

沟通要点：
1. 着重于了解对《事件陈述表》中的疑问（如有《事件陈述表》）。
2. 针对违纪行为还需要特别去关注的一些行为细节。
3. 其他需要了解的内容。（如有请记录）

调查中搜集的证据：
无______　　有______　　具体描述______________________________________

笔录内容：

____
____
____
____
____
____
____
____
____
____
____

续表

访员：本人确认以上所谈内容真实，并且不会和其他人员沟通、探讨。
签名确认：______________ 日期：______________
被访人：本人确认以上所谈内容真实，并且不会和其他人员沟通、探讨。
签名确认：______________ 日期：______________
记录人：本人确认如实记录，并且不会泄露被访对象身份、姓名等信息。
签名确认：______________ 日期：______________

☑《解除劳动合同／劳务协议通知书》（内部审批版）模板：

解除劳动合同 / 劳务协议通知书

员工姓名：

部　　门：

职　　务：

最后任职日期：　　　　年　　月　　日

解除劳动合同原因：

你于________年____月____日发生如下行为：____________________

你的行为属于____

鉴此，依据劳动法、劳动合同法的规定，公司决定自______年____月____日起给予你违纪解除劳动关系的处理决定。

直接主管：________________　　　　日期：________________

部门负责人：______________　　　　日期：__________________

人力资源负责人：__________　　　　日期：__________________

员工签名：______________

证明人：________________

☑《解除劳动合同／劳务协议通知书》（通知员工版）模板：

解除劳动合同／劳务协议通知书

_________（身份证号码：　　　　　　　　）

你于________年____月____日发生如下行为：______________________

____

你的行为违反了____

鉴此，依据劳动法、劳动合同法的规定，公司决定自________年____月____日起给予你违纪解除劳动关系的处理决定。请你于________年____月____日前到________部门办理解除劳动合同手续。

特此通知！

________公司

年　　月　　日

员工签名：__________________

日期：________年____月____日

3.2　员工申诉制度

员工申诉机制是为了创造和谐劳资关系，在员工认为受到不公平对待时，向组织反映意见和建议的沟通通道。有些公司缺乏申诉机制，员工在工作中受到委屈时，只能向直属领导反映，在得不到反馈或满意反馈时，转而通过媒体渠道发散到社会，导致事件被无形放大，进而影响组织的雇主品牌形象。一个完善的申诉机制，在组织沟通中起着至关重要的作用。

☑《员工申诉处理规范》模板：

员工申诉处理规范

一、目的

为了提高员工工作的积极性和参与度，保障员工与公司的沟通顺畅，创造和谐的组织环境，及时发现问题和解决问题，特制定本处理规范制度。

二、适用范围

本制度适用公司全体员工。

三、制度涉及部门及职责

3.1　责任部门

3.1.1　公司人力资源部

A. 负责接收和整理员工申诉资料；

B. 负责牵头相关部门组建申诉处理委员会（由申诉员工直属上级、所属部门负责人、分管领导、人力资源部负责人、劳动关系专项负责人等组成）；

C. 组织申诉处理委员会对申诉事件开展调查核实，对事情进行处理和反馈。

3.1.2　申诉员工所在部门

配合申诉处理委员会进行事件调查，提供相关线索。

3.2 协助部门

申诉事件涉及的其他部门：提供申诉事件的相关线索。

四、申诉原则

4.1 对申诉人和事件进行保密，保护申诉人利益不受损害；

4.2 对申诉事件调查及时，实事求是，公平公正，认真对待；

4.3 员工申诉需报真实姓名和资料，匿名申诉原则上不予受理；

4.4 员工申诉内容需真实，证据充足，严禁诬陷他人或无中生有。

五、申诉范围

5.1 对调岗、调薪有异议的；

5.2 对绩效结果有异议的；

5.3 对培训、组织活动形式或过程有异议的；

5.4 对晋升、竞聘结果有异议的；

5.5 对劳动合同续签、变更、解除、终止有异议的；

5.6 对薪酬、福利、考勤等内容有异议的；

5.7 受到组织不公平对待的；

5.8 对行政后勤事务有异议的；

5.9 对部门、同事或领导工作态度、工作方法、工作配合有异议的；

5.10 其他有证据支持的证明个人权益或公司权益受到损害的事项；

六、申诉程序

6.1 员工通过邮件方式或办公平台，提交《员工申诉书》；

6.2 人力资源部收到《员工申诉书》后，迅速成立与申诉事件相关的申诉处理委员会；

6.3 申诉处理委员会委派申诉受理人在7个工作日内对事件完成调查，人力资源部和申诉处理委员参与和协助，受理人调查结束提交《员工申诉调查表》；

6.4 人力资源部和申诉处理委员会对《员工申诉调查表》进行审核；

6.5 人力资源部反馈处理结果给申诉员工，员工如接受处理结果，在调查表签名确认；

6.6 如员工对处理结果有异议，可继续提出申诉。再申诉由分管高层领导亲自复核事件，申诉处理委员会积极配合讨论，以最终结果为结论，申诉人应无条件遵守，不得再申诉；

6.7 人力资源部把申诉资料进行归档。

七、附则

7.1 本规定解释权在人力资源部。

☑《员工申诉书》模板：

员工申诉书

年　　月　　日

申诉人姓名		岗位	
所在部门		申诉事件发生日期	
申诉事情经过及理由			
签名确认：			

☑《员工申诉调查表》模板：

员工申诉调查表

年　　月　　日

<table>
<tr><td>申诉人姓名</td><td></td><td>部门</td><td></td><td>岗位</td><td></td><td>部门负责人</td><td></td></tr>
<tr><td colspan="8"></td></tr>
<tr><td>申诉时间</td><td></td><td>申诉受理人</td><td></td><td>调查时间</td><td colspan="3"></td></tr>
<tr><td>申诉原由</td><td colspan="7"></td></tr>
<tr><td>事情原因核实</td><td colspan="7"></td></tr>
<tr><td>处理结果</td><td colspan="7"></td></tr>
<tr><td>人力资源部意见</td><td colspan="7">签名：　　年　　月　　日</td></tr>
<tr><td>申诉处理委员会意见</td><td colspan="7">签名：　　年　　月　　日</td></tr>
<tr><td>分管领导意见</td><td colspan="7">签名：　　年　　月　　日</td></tr>
<tr><td>申诉人确认</td><td colspan="7">签名：　　年　　月　　日</td></tr>
</table>

图书在版编目(CIP)数据

人力资源管理必备制度、表格范例与实用工具 / 卢活嘉著. —北京：中国法制出版社，2022.6

（HR从入门到精通系列）

ISBN 978-7-5216-2667-4

Ⅰ. ①人… Ⅱ. ①卢… Ⅲ. ①人力资源管理 Ⅳ. ①F243

中国版本图书馆CIP数据核字（2022）第070921号

责任编辑：马春芳 封面设计：李　宁

人力资源管理必备制度、表格范例与实用工具

RENLI ZIYUAN GUANLI BIBEI ZHIDU、BIAOGE FANLI YU SHIYONG GONGJU

著者 / 卢活嘉

经销 / 新华书店

印刷 / 三河市国英印务有限公司

开本 / 710毫米×1000毫米　16开　　印张 / 22.75　字数 / 302千

版次 / 2022年6月第1版　　2022年6月第1次印刷

中国法制出版社出版

书号ISBN 978-7-5216-2667-4　　定价：79.80元

北京市西城区西便门西里甲16号西便门办公区

邮政编码：100053　　传真：010-63141600

网址：http://www.zgfzs.com　　**编辑部电话：010-63141822**

市场营销部电话：010-63141612　　**印务部电话：010-63141606**

（如有印装质量问题，请与本社印务部联系。）